新能源车用动力系统发展及应用

段俊法　著

中国水利水电出版社
www.waterpub.com.cn
·北京·

内 容 提 要

当今车辆已是石油资源消耗的主体,越来越严峻的石油资源紧缺和环境污染问题成为车用动力的挑战,单纯依靠传统内燃机技术进步难以满足需求,新型能源车用动力系统得到了越来越多的关注和研究。

本书主要探讨了新能源车用动力系统发展及应用,主要内容包括:动力电池驱动系统、燃料电池动力系统、油电混合动力系统、清洁代用燃料内燃机等。

本书结构合理,条理清晰,内容丰富新颖,可供从事汽车领域的工程技术人员、科研人员参考使用。

图书在版编目(CIP)数据

新能源车用动力系统发展及应用/段俊法著. —北京：中国水利水电出版社,2018.9 （2024.10重印）
ISBN 978-7-5170-7015-3

Ⅰ.①新… Ⅱ.①段… Ⅲ.①新能源－汽车－动力系统－研究 Ⅳ.①U469.7

中国版本图书馆 CIP 数据核字(2018)第 238527 号

书　　名	新能源车用动力系统发展及应用
	XINNENGYUAN CHEYONG DONGLI XITONG FAZHAN JI YINGYONG
作　　者	段俊法　著
出版发行	中国水利水电出版社
	（北京市海淀区玉渊潭南路 1 号 D 座 100038）
	网址：www. waterpub. com. cn
	E-mail：sales@waterpub. com. cn
	电话：(010)68367658(营销中心)
经　　售	北京科水图书销售中心(零售)
	电话：(010)88383994、63202643、68545874
	全国各地新华书店和相关出版物销售网点
排　　版	北京亚吉飞数码科技有限公司
印　　刷	三河市元兴印务有限公司
规　　格	170mm×240mm　16 开本　11.5 印张　206 千字
版　　次	2019 年 2 月第 1 版　2024 年 10 月第 4 次印刷
印　　数	0001—2000 册
定　　价	57.00 元

前　言

我国拥有较为丰富的能源储量,但人均能源拥有量较少,能源结构也不太合理,具有"富煤缺油少气"的特点,而能源需求中石油占据最为重要的位置,因而石油资源远期紧缺,直接影响国家未来的能源安全。

当今车辆已是石油资源消耗的主体,越来越严峻的石油资源紧缺和环境污染问题催促着车用动力能源转型,单纯依靠传统内燃机技术进步难以满足需求,因此,新型能源车用动力系统得到了越来越多的关注和研究。

动力电池驱动系统、燃料电池动力系统、混合动力系统以及代用燃料内燃机是最为重要的新型能源动力形式,由于技术路线的差异,它们的技术难度、制造成本、功率密度、续航里程等各有不同,应用范围也有所不同。

根据我国的产业政策,动力电池、燃料电池、插电式混合动力和增程式混合动力汽车在生产和销售时,企业、购车者都会得到补贴,这几类动力系统被认为是新能源动力形式。采用其他的混合动力系统以及代用燃料内燃机也是非常有效的节能减排方法,多数学者认为它们也是新型能源动力的组成部分,甚至认为全面电控化的内燃机也当属新型动力系统。

上述四种动力系统和传统内燃机都有很大的区别,在应对车辆的节能和减排问题上都有各自的优点,都有可能成为未来车用动力的重要组成部分。本书总结以上系统主要的研究成果,结合笔者的研究实践,系统阐述几种新型能源动力系统的组成原理、技术路线、工作特点、研发及应用现状以及发展趋势。

本书全文共计 6 章,第 1 章和第 6 章分别是概述与展望。第 2~5 章重点阐述纯电动动力系统、燃料电池动力系统、混合动力动力系统以及代用燃料内燃机动力的研发应用现状、主要研究结论、当前的研究热点和难点以及今后研究和发展方向等内容,希望可以为后续的研究者提供参考。

本书由段俊法博士独立完成,唐建鹏、张宇、吴排霞、何一鸣等研究生协助进行了资料收集和整理工作。刘福水教授、孙柏刚教授、马志豪教授对相关内容审阅并提出了宝贵的修改意见。

由于水平所限,本书中必有很多疏漏甚至谬误,希望得到读者的指正!

作　者

2018 年 5 月

目　　录

第1章 概 述

1.1 能源利用和动力机械发展

　　人类社会的发展水平,在很大程度上受限于能源的利用形式和动力装置的做功能力。从人类文明产生开始直到工业革命以前,人们基本上都采用人力、畜力或者简单的风力、水力从事生产和生活实践,人们采用薪材燃烧做饭取暖,采用风车、水车帮助灌溉,采用人力、畜力进行耕作,采用畜力、风力和水力从事交通运输。由于动力系统的效率较低和功率较小,人类从事生产实践的深度和广度不够,人类文明的发展较为缓慢。

　　以1774年瓦特发明实用化的蒸汽机为标志的第一次工业革命,从根本上改变了以人力和畜力为主的生产活动方式。以燃煤作为主要能源的蒸汽机可以采用较大容量的蒸汽锅炉、产生较高温度压力的水蒸气推动机械做功,进而获得可以移动的大功率动力机械。基于蒸汽机,人类能够制造以及使用大型的铸造、锻造、矿山开采设备从事艰难的工作,能够使用火车、轮船等大型交通运输工具更快更多地运输物资,极大地促进了人类文明的发展速度。

　　蒸汽机是典型的外燃机,燃料的燃烧在动力机械外部进行,工质被加热后经流道传输到动力机械实现热功转换,由于工质的流动距离很长,其传热损失很大而效率较低。同时,由于蒸汽本身的内能较低,产生高功率需要较大的体积,这使得蒸汽机的体积较大,难以在空间狭小而功率需求较大的使用环境中得到应用。由于效率较低,蒸汽机的能源消耗很大,碳排放很高,在其广泛应用之后造成较为严峻的能源和环境问题,这在工业革命时期的英国、德国表现得更为明显。

　　蒸汽机存在的问题使很多工程师开始研究新型的动力机械,其中最有代表性的动力机械是汽油机和柴油机。1883年德国工程师戴姆勒发明了四冲程内燃机,1892年,德国工程师狄塞尔发明了柴油机,这两种动力机械通过燃料在其机体内部的燃烧产生高温高压的气体,进而推动活塞往复运动,通过曲轴连杆机构对外做功。汽油和柴油的绝热燃烧温度很高,因而它们燃烧放热后能使工质达到很高的温度和压力,这使出现高效率、高功率密度的动力机械成为可能。

以汽油机和柴油机为代表的内燃机的工作方式和蒸汽机有质的不同,它们的燃料是在动力机械内部燃烧的,燃料燃烧后放出大量的热,这些热量直接将燃烧后的气体加热到很高的温度,在某些工况下甚至超过 2000K,远高于蒸汽机的工质温度,因而在理论上可以获得很高的做功能力。由于燃料在机体内部燃烧后直接推动活塞做功,工质不经过很长的流动路径,减小了传热损失,进而提高了热效率。

不仅由于较高的做功能力和热效率,还由于汽油和柴油具有很高的燃烧热值,因而内燃机工作需要携带的燃料体积较小,动力机械占据的空间不大。这些特点使得内燃机的体积小、重量轻,可以广泛应用在空间有限而动力输出要求较高的场合。一些工程师开始将这种高功率动力机械应用在马车大小的交通运输工具上:1886 年,卡尔·本茨将一代汽油机安装在马车上,使其能够靠机械行走,这被称作是人类历史上的第一台现代化的汽车。随后的100 多年,汽油机和柴油机逐步成为占据统治地位的主要动力机械应用于汽车。

相对于传统的马车而言,以内燃机为动力系统的汽车的使用成本很低,速度很高,更加干净和卫生,因而迅速得到了人们的认可。1913 年,福特的T 型车出现,使得低成本和低价格的汽车大量出现,使普通民众拥有私人汽车成为可能。随着汽车的广泛使用,人类活动范围大为增加,生活质量大为提升,创造的文明也出现了级数的增长。

电动机是另一种重要的动力机械,其诞生可回溯到 1821 年,英国物理学家法拉第制成的第一个实验电动机模型。直到 1865—1872 年之间,环形电枢和鼓形转子的出现,实用化的直流电机开始能够使用。1885—1886年,环形磁场的出现使交流电机实用化开始。1889 年之后,三相鼠笼式交流电动机的出现,使电动机的大规模使用成为可能。电动机和内燃机一起,开始在国民生活的各个领域逐步占据主导,推动了第二次工业革命,使社会文明进一步发展。电动机比内燃机更加清洁,因而在汽车出现后迅速成为一种主要的车用动力,在 1900 年,电动汽车约占当年汽车总产量的 30%。

电动机的使用要求和内燃机有所不同,内燃机通过携带并燃烧高能量密度的燃料实现对外做功,因而非常适用于交通运输车辆。电动机依靠电能驱动,而电能来自其他的外部一次能源,因而需要蓄电池等能够储存电能的装置,如需应用于交通运输车辆,则需要建设电力传输设备或者大容量储电设备。由于能量密度的原因,电动汽车逐渐退出了主流市场,直到 20 世纪末期,电池能量密度的增加、越来越严峻的能源和环境问题才使人们开始重新研究和应用电动汽车。

1.2　车用动力系统的技术进展

1.2.1　蒸汽机动力系统

在汽车出现以前,以畜力为主的车辆是主要的陆路交通工具。由于畜力本身的功率所限,车辆的载物能力和运行速度都不够理想。随着工业革命的开始,以蒸汽机为代表的动力形式出现,使具有较大载物能力和运行速度的车辆成为现实,工程师们做了很多尝试将蒸汽机应用于车辆。

早在 1769 年,法国人居纽将蒸汽机作为车用动力,制造了世界上第一和第二辆蒸汽驱动的汽车。第一辆汽车车长 7.32m,高 2.2m,车架上放置着一个像梨一样的大锅炉,依靠蒸汽动力,该车辆可以获得 3.5～3.9km/h 的运行速度(图 1.1),他在 1771 年造出第二部车,由于车速较低,载货有限,这两辆蒸汽机汽车并没有实际应用,但为其他设计者提供了参考。

图 1.1　居纽的蒸汽机车辆

到 1804 年,脱威迪克设计并制造了一辆蒸汽机汽车,这辆汽车表现出了较好的载货能力,拉着 10t 重的货物行驶了 15.7km。1825 年,英国人斯瓦底·嘉内制造了一辆 18 座的蒸汽公共汽车(图 1.2),车速达到了 19km/h,开始了世界上最早的公共汽车运营。1831 年,美国的史沃奇·古勒将一台蒸汽机汽车投入运输,相距 15km 的格斯特和切罗腾哈姆两地之间便出现了有规律的运输服务。

由于蒸汽机本身需要较大的体积和具有较低的效率,同时蒸汽机采用

图 1.2　斯瓦底·嘉内制造的蒸汽公共汽车

燃煤在外部燃烧,对外的传热较多,造成蒸汽机本身的空间占用较大,功率较低而车辆的舒适性较差,因而并没有得到人们的广泛认可。

1.2.2　内燃机动力系统

由于蒸汽机的燃料燃烧是在机体外部发生的,不仅仅由于需要额外的蒸汽传输装置增大了本身的空间占用,而且由于其燃烧生成的热量更多地白白散失而导致效率降低,因而一些工程师和研究者考虑是否能够让燃料在机体内燃烧而降低热量损失,从而提高效率和降低本身体积和重量。这就是早期内燃机研究的萌芽。

此后,内燃机的研究经历了很长的时间。1794 年,英国人斯垂特首次提出了把燃料和空气混合形成可燃混合气以供燃烧的设想,提出了可行的内部燃烧实现手段。1801 年,法国人勒本提出了煤气机的原理,将煤气和空气分别从不同的管路汇入近期管路,通过扩散实现混合形成可燃混合气。1824 年,法国热力工程师萨迪·卡诺在《关于火力动力及其发生的内燃机考察》一书中,揭示了"卡诺循环"的学说,对内燃机可能的效率和工作方式进行了预测,这个学说直到现在还是内燃机设计研究的基础。

1859 年,法国的勒努瓦用煤气和空气形成混合气,通过电火花点火爆发燃烧,制成了二冲程煤气内燃机,法国和英国都制造了一小批。1861 年,法国的德·罗夏提出了进气、压缩、做功、排气等容燃烧的四冲程内燃机工作循环方式,于 1862 年 1 月 16 日被法国当局授予了专利。1866—1876年,德国工程师尼古拉斯·奥托成功地试制出动力史上有划时代意义的立式和卧式四冲程内燃机(图 1.3),其功率为 2.9kW,压缩比为 2.5,转速为

图 1.3 奥托内燃机

250r/min。这台内燃机被称为奥托内燃机,闻名于世。奥托还提出了著名的 OTTO 循环,阐述了火花点火内燃机的工作原理,并提供了优化设计思路。

曾和奥托共过事的德国人戴姆勒发明了燃烧炼制灯用煤油副产品的汽油四冲程内燃机,并在 1883 年取得专利。该发动机按照 OTTO 循环工作,实现了较好的动力性和效率。戴姆勒于 1885 年把这种内燃机装在了木制自行车上,翌年又装到了四轮马车上。同年,德国的本茨把汽油内燃机装在了三轮汽车上。本茨和戴姆勒发明汽车的时间相近,因而研究者将 1886 年作为汽车诞生的年份。1897 年,德国人狄塞尔成功地试制出了第一台柴油机,比汽油机更为省油、动力大、污染小,也成为了一种重要的车用动力系统。

早期的内燃机设计和制造水平有限,由于缺乏必要的设计理论,为了保证足够的强度抵御高温高压燃气的冲击力,工程师尽可能地采用更厚的材料,使得内燃机比较笨重;由于缺少摩擦学研究和燃烧学研究,早期内燃机更容易磨损,可靠性和寿命也较差,燃烧系统的匹配较差,内燃机的效率较低。随着内燃机的逐渐广泛应用,这些问题得到了越来越多的研究,内燃机技术得到了越来越多的发展和应用。

在内燃机诞生至今的 100 多年里,内燃机技术始终处在不断发展进步的过程中。无论是关于燃料燃烧的基础理论研究和还是强度、控制参数和方法研究等工程应用技术都得到了长足的发展。

在其诞生的前半个世纪,工程师和科学家们主要在关于可靠性和寿命的研究上取得了较大的进展,对摩擦磨损的研究也取得了较多的成果,关于燃料混合、燃料比例、燃烧极限的研究逐渐深入,采用化油器、白金点火装置及高压喷油装置的汽油机和柴油机获得了良好的动力性,内燃机的可靠性迅速提高,迅速成为车用动力的主要形式。

进入 20 世纪中叶以后,随着车用动力研究的进一步深入和电子控制技术的发展,发动机逐步电控化,各种新型控制技术如电子点火、计算机控制点火,单点喷射、多点喷射、缸内直喷及多次喷射和组合喷射技术,电子节气门精确控制、可变气门正时和升程,增压控制、可变压比以及柴油机的高压喷射和多次喷射技术,燃烧后处理技术等先进技术不断出现,内燃机技术进入以精确控制为特征的新时期,内燃机的动力性逐步提高,燃油消耗率逐步下降,汽油机的升功率已经达到了 100kW/L,效率高达 37%(外型见图 1.4)。而柴油机的效率更是超过了 40%,达到了很高的技术水平。

图 1.4　现代汽油机

21 世纪以来,随着能源和环保问题的逐步严峻,内燃机发展开始面临越来越多的挑战,各国排放法规对内燃机的要求越来越严格,内燃机的研究也进入了新的阶段。这个阶段,对于传统内燃机而言,一方面强调燃烧组织,改善缸内燃烧,提高热效率和降低有害污染物的生成,同时研究更加有效的缸外净化技术,采用催化方法降低排放;另一方面,研究清洁代用燃料燃烧技术,降低内燃机的排放。当前关于内燃机代用燃料的研究产生了包括天然气内燃机,甲醇、乙醇燃料内燃机,二甲醚内燃机以及氢燃料内燃机等的一系列成果。

1.2.3　其他能源动力系统

除了以传统的内燃机作为动力系统的车辆外,还有很多新型动力系统汽车,其中最有前景和具有代表性的车辆包括太阳能汽车、纯电动汽车、燃料电池汽车等。这些车辆对环境较为友好,几乎没有污染,但由于成本和能量密度的原因没有成为主流。进入 21 世纪以来,随着能源和环保问题的逐步严峻,内燃机发展开始面临越来越多的挑战,各国排放法规对内燃机的要求越来越严格,传统内燃机汽车难以满足法规的要求,因而这些新型动力系统开始受到越来越多的重视。

1.3　车用动力的机遇和挑战

车用动力的发展和社会发展水平紧密相关。在新中国成立之前,中国没有自己的汽车厂和车用动力研发生产单位,汽车和动力系统主要通过进口,因而也没有自己的相关工业体系。新中国成立后,建立了自己的汽车厂、发动机厂以及相关的研究单位,独立自主地完成了汽车和内燃机的设计和生产,但由于对外交流不够和研究力量的薄弱,中国的车用动力工业仍在一段时期内处于很低的研究和设计水平。

随着改革开放的进行,中国的经济实力获得了很大的提升,科研和技术水平也得到了长足的发展,人民的生活水平日渐提高,不断增加的物质文化和精神文化消费需求催生了汽车的购买需求,使汽车行业得到了长足的发展,车用动力也随之获得了良好的发展机遇。

1.3.1　需求增加和迅速发展

中国的汽车工业始于 1953 年中国第一汽车制造厂的开工建设,并在 1956 年自主生产了第一辆解放牌载重卡车和第一辆东风牌轿车。在此后的几年内,中国先后自主生产了井冈山牌轿车、红旗牌轿车、凤凰牌轿车(后来更名为上海牌轿车)等轿车和东风牌卡车。

从 1953 年汽车工业诞生直到 1980 年,我国的汽车工业以卡车生产为主,卡车工业获得了一定的发展。到 1980 年,东风牌卡车的年产量达到了 10 万台,对国民经济发展起到了重要的支持作用,而轿车的产量很低,产量最大的上海牌轿车在 1965—1979 年间的总产量仅 1.7 万台,难以形成经济生产规模,对社会经济的贡献率也很低。

1984 年,中国汽车行业进入合资时代,国内先后成立了北京吉普、上海大众、东风雪铁龙等合资企业,乘用车的生产能力得到了迅速提升。到 1994 年,轿车的年产量已经突破 25 万台,超过了卡车的年产量。就在同一年,国家出台了《汽车产业发展政策》,对汽车产业的发展方向进行了重新定位,把汽车和家庭联系起来。

此后,随着国民经济的不断发展和国民生活水平的提高,汽车大量走进普通国民的生活,家庭逐步成为了我国汽车消费的主要力量。日益增长的汽车购买需求极大促进了汽车行业的发展,使得我国的汽车产销量连年快速增长,2002 年我国汽车产销量首次突破 200 万台,2009 年产销量已经超过 1350 万辆,首次位居世界第一[1],2013 年的产销量更是超过了 2000 万台[2]。汽车工业已经成为中国的支柱产业,在国民经济中的地位进一步提高。

汽车的使用极大地改善了国民的生活质量,缩短了物流时间,进而促进了国民经济增长。但是,汽车的大规模使用也消耗了大量的石油资源,加剧了我国本来就很紧张的石油供给形势,造成了较为严重的能源短缺和油价上涨。与此同时,石油燃料在内燃机气缸内的燃烧也会生成大量的 CO_2 和其他有害排放物,不仅造成温室效应加剧,也污染了大气和水源,威胁着人类的生存安全。造成了日益严重的能源和环境问题[3]。

1.3.2 传统能源的日益紧缺

能源是人类赖以生存和发展的重要物质基础。传统能源包括煤炭、石油、天然气、生物质燃料、核能、风能等能源形式,其中煤炭和石油能源是世界范围内最重要的能源,以燃烧值计算的煤炭和石油年均用量超过现有世界能源总量的 70%[3]。

自 1950 年以来,石油资源在全部能源中的比重始终超过 40%,这个比重呈现逐年上升的趋势。2001 年底,世界石油消费量已经占据全部能源消费量的 53.08%,是煤炭消费量的 2.67 倍[4]。而世界范围内,石油的探明总储量仅是煤炭总储量的 23.47%(按照燃烧值折算)[5],预期的石油能源供应不足。

由于石油的供给需求持续增大,而探明储量的增加有限,石油资源日渐枯竭的趋势难以避免。2012 年 6 月 26 日,英国石油公司(BP)发表的 2012 年《BP 世界能源统计年鉴》指出,截至 2011 年底和使用速度,全球石油探明储量约为 1.65 万亿桶,按目前全球石油的开采速度和使用速度,全球石油还够使用 54.2 年[6]。

我国的能源结构特点为"富煤贫油少气"。石油探明储量仅占世界总储量的 2.3%,按照人均计算不到世界平均水平的 1/2[7],而石油消费量占世界总量的 6.6%,因而我国的石油供需矛盾更加突出。据 BP 公司的统计公报显示,2010 年我国石油剩余探明储量为 200 亿 t[8],BP 公司预测,虽然我国的石油探明储量在不断增加,但也仅可供持续开采 19.9 年[9]。

按照目前的燃油消费趋势,我国每年的石油消耗都在迅速增加,工信部统计并预测了我国历年的原油开采和消耗:2011 年我国原油消耗量为 4.58

亿 t,2020 年我国原油消耗总量将达到 10 亿 t。由于储量所限,我国的石油生产量难以满足不断增加的使用需求,需要进口大量的原油和石油制品,我国经济对进口石油的依赖程度也在不断提高。我国石油对进口依存度的变化如图 1.4 所示,2011 年我国石油对进口依存度已经升至 56%,据 BP 公司 2012 年发表的《BP2030 世界能源展望》推测,我国石油对外依存度将于 2030 年突破 80%[9],造成严重的能源安全问题。

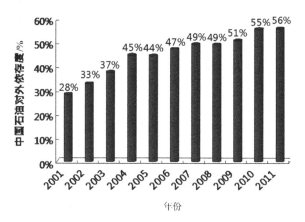

图 1.4 近十余年我国石油对外依存度变化趋势[10]

传统汽车采用以汽油和柴油为燃料的内燃机作为主要动力单元,内燃机将燃料在气缸内燃烧放出的热能转化为机械能,从而实现对外做功。因而汽车的大规模使用意味着石油能源的巨大消耗。就我国而言,到 2017 年底,全国的汽车保有量达到 2.17 亿台,按照单车年消耗燃油 1t 计算,年消耗燃油超过 2 亿 t,如此大的燃油消耗量进一步加速暴露了我国石油能源不足的现实问题。

1.3.3 排放污染物不断加剧

石油燃料在发动机气缸内完全燃烧的基本生成物是 CO_2 和 H_2O。由于空气供给和混合不均匀的原因,石油燃料会发生不完全燃烧,因而还会生成 HC、CO 以及 PM 颗粒物等物质。燃油在发动机缸内的燃烧使气缸内有很高的温度,因而原本不活跃的 N_2 也可能和 O_2 反应而生成 NO、N_2O 和 NO_2(这些产物通称为 NO_x),因而 NO_x 也是一种重要的生成物。这些生成物最终都会排放到大气中。

CO_2 和 H_2O 是汽车尾气的主要成分,H_2O 是没有污染的,对环境没有不良的影响。CO_2 的化学性质比较稳定,对人体和环境也没有直接的损害,

但由于 CO_2 具有较大的比热容,空气中 CO_2 的含量增加会使大气温度升高,形成温室效应,造成冰川融化、海平面升高等环境变化,从长远看会威胁人类的生存环境,因而需要控制其排放总量。

HC、CO、颗粒物 PM 和 NO_x 等内燃机排放物对环境都有较大的危害。CO 进入血液后,会导致血液输送氧气的能力降低,进而导致氧气供应不足,如果人体吸入过多的 CO,可能导致昏迷,严重时导致死亡。HC 和 NO_x 在大气环境中受强烈太阳光紫外线照射后,产生一种复杂的光化学反应,生成光化学烟雾,进而造成多种疾病[10]。颗粒物 PM 随空气进入呼吸道,在人体的肺部沉积,会引起多种呼吸道疾病[11]。这几种燃烧产物对人体有明显的害处,是主要的排放污染物。

对我国而言,治理汽车尾气是一个巨大的挑战:由于技术水平相对落后,我国自主生产的汽车和发动机所能满足的排放标准较低,因而单车污染物远超过欧美国家[12]。由于汽车行业的迅猛发展,我国汽车排放的总量很大,按照我国汽车年消耗燃油 2 亿 t 计算,汽车 CO_2 总排放量超过了 5 亿 t。

统计数据显示,我国 2011 年汽车排放污染物总量为:CO 排放 3174.6t、NO_x 排放 537.1t、HC 排放 363.5t、PM 排放 56.5t[12]。2011 年上海城区机动车排放的 HC、CO、NO_x 分别占城区污染物总量的 86%、90%、56%[13];2012 年北京城区非采暖季,机动车排放的 HC、CO、NO_x 分别占城区污染物总量的 60%、88.9%、54.7%[14]。这些数值还会随着汽车保有量的增加而增加。

1.3.4 车用动力的发展方向

汽车行业应对能源和环境双重挑战的方法主要有两种途径。一方面应提高传统汽车的燃油经济性,从而减少燃料消耗和排放污染物,主要包括内燃机燃烧控制技术和车辆匹配技术的提高等,这种方法对内燃机技术提出了很高的要求,而且提升的空间越来越有限。

另一方面,采用新能源动力系统作为车用动力用于降低燃油消耗和排放,这主要包括采用纯电动动力系统、混合动力系统、燃料电池动力系统和采用清洁能源的传统动力系统等,这种途径正在逐步成为汽车行业应对能源和环境问题的主要发展方向[15,16]。

1.4 车用新型能源动力系统

车用新型能源动力系统除了要满足车辆的动力性、经济性等基本需求以外,还应能够降低石油资源消耗和 NO_x 及其他有害物的生成量。研究者在此领域内开展了广泛的研究和调查,并开发了多种满足上述要求的动力系统。

1.4.1　动力电池驱动系统

纯电动汽车是指以车载电源为动力,用电机驱动车轮行驶,且符合道路交通、安全法规各项要求的车辆。动力电池驱动系统作为纯电动汽车的动力系统,是以电能作为驱动能源的动力系统,包括电池、电机、控制系统三个主要部件,其组成原理如图 1.5 所示。

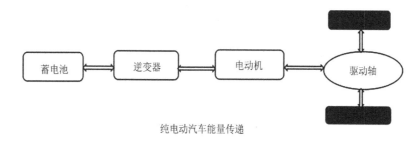

纯电动汽车能量传递

图 1.5　纯电动汽车动力系统组成原理

纯电动汽车采用电机驱动,电机本身不携带能源,纯电动力系统的驱动能源来自动力电池储存的电能。动力电池储存的放电不会产生有害排放物和碳排放,可以认为纯电动汽车是零排放的清洁车辆。

动力电池储存的电量用完之后,可以采用充电的方式补充能源,用于下次的使用,因而动力电池储存能量的多少决定了纯电动汽车的载物和行驶能力,而充电速度决定了其多次使用的时间间隔。这两个参数影响纯电动汽车的续航里程和充电速度,对其商业化应用至关重要。

纯电动力系统作为我国重点发展的新能源动力系统,近年来得到了迅速的发展和应用。纯电动力系统的产销量逐年快速增加,表现出良好的发展趋势(图 1.6)。

由于动力电池本身的能量密度较低,因而纯电动力系统难以提供很高的功率,电池的充电时间较长而充电完成后车辆的续航里程较短,因而纯电动力系统的应用范围还不够广泛。

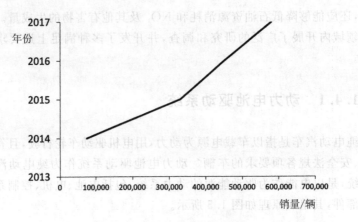

图 1.6　中国纯电动汽车销量

1.4.2　燃料电池动力系统

　　燃料电池动力系统是通过燃料电池产生电能,驱动电机工作的一种动力系统,由燃料电池系统、电机及控制系统等部件组成。从组成形式来看,燃料电池动力系统和动力电池驱动系统是基本相同的,因而有些研究者把燃料电池动力系统和动力电池驱动系统归为一类。

　　但实际上,燃料电池的工作原理和普通动力电池有很大的不同,它不是通过事先储存在电池中的电能逐步释放实现动力输出,而是通过燃料和氧化剂在催化剂作用下产生化学反应,逐步产生带电离子堆积产生电动势得到电能而实现功率输出的。其工作原理更类似于内燃机的燃料燃烧释放能量,通过加注燃料可以非常方便地增加续航里程,因而更容易获得更好的功率密度,比动力电池更有发展前景。

　　燃料电池的所用燃料主要是氢燃料或者含氢燃料。根据燃料和电解质的不同可以分为磷酸燃料电池、固体氧化物燃料电池、质子交换膜燃料电池等多种类型,质子交换膜燃料电池被认为是高效和稳定的适用于车辆的燃料电池系统。

　　质子交换膜氢燃料电池是一种以氢气为燃料的反应堆,通过质子交换膜实现氢燃料的缓慢燃烧,将化学能转化为电能直接驱动车辆。由于氢燃料电池中氢氧的燃烧温度低,热量散失较少,热能利用效率高达 84%,热电联产效率高达 80%[31]。氢氧电化学反应的产物仅有 H_2O,没有其他的产物,因而是真正的零污染。氢燃料电池反应堆的运行非常稳定,几乎没有振动和噪声,因而氢燃料电池汽车运行非常平稳。

质子交换膜氢燃料电池的缺点在于成本高和耐久性低[32-34]。氢燃料电池反应堆的核心零部件主要包括质子交换膜、贵金属催化剂,两者的价格非常昂贵,使氢燃料电池反应堆的成本超过 3000 美元/(kW·h),按照紧凑级轿车的动力需求 50kW 计算,其装备燃料电池的动力单元成本高达 15 万美元,是同功率内燃机价格的 30~50 倍。

质子交换膜氢燃料电池需要纯度超过 99.99% 的高纯度氢气才能正常工作,而水煤气法制氢、氨气分解或甲醇裂解制氢获得的氢气和化工厂的副产品氢气纯度均在 60%~80% 之间,即便电解水制氢的纯度可以达到99.7%,也需要进一步提纯才能满足使用要求,大大增加了氢气的制备成本。虽然氢燃料电池具有良好的效率,但高昂的成本和较低的可靠性限制了氢燃料电池作为车辆动力的大规模应用。

1.4.3　车用混合动力系统

混合动力系统是包含两种及两种以上的动力单元的车用动力系统,两种动力单元均需要为车辆行驶提供驱动能源,其中至少有一种动力单元能够部分或全部提供动力。

最常用的混合动力系统由传统内燃机和电动机两种动力单元组成。混合动力系统的内燃机可能使用汽油或柴油,也可能使用天然气、丙烷、乙醇燃料、氢气、生物燃料等其他代用燃料。其电动机驱动系统包括动力电池、电动机和控制系统。动力电池通常采用铅酸电池、镍锰电池和锂离子电池等。

混合动力系统尽可能采用电池驱动电动机保证车辆行驶,这种主要工作模式完全无污染同时不消耗燃油。采用内燃机主要是为了在电能不足或电机功率不足时能够保证动力输出需求或车辆正常行驶。混合动力系统的内燃机通常功率较低而负荷率较高,内燃机处于高效率区工作,从而降低燃油消耗和排放。

混合动力系统克服了纯电动功率和续航里程不足的缺陷,同时相对于传统内燃机可以大幅度提高效率,降低燃烧消耗和排放。这种系统具有较高的动力性、燃油经济性,同时因内燃机成本较低、技术成熟,被认为是现阶段更容易大规模应用的新能源动力形式。

根据混合动力系统的能量传输方式不同,混合动力系统可以分为串联式混合动力、并联式混合动力和混联式动力系统。

1.4.4　清洁燃料内燃机

上述新型车用动力系统的工作模式和传统动力系统有质的不同,因而可以使用更新的能源形式,实现节能和减排,但都存在制造成本高且功率密度较低的问题,使得个人消费者难以接受这些系统。而传统内燃机采用清洁能源能够有效地规避这些问题,因而也是动力系统重要的发展方向。

一般说来,作为内燃机燃料应该具备储量较大、来源广泛、高热值以及易于储存和燃烧清洁的特点。完全满足这些标准的代用燃料较少,常见的代用燃料包括天然气、醇醚类燃料、生物质燃料、氢燃料等,这些燃料的性质各有不同,因而内燃机的性能也有差异。

天然气发动机是当前应用较为广泛的代用清洁燃料内燃机,由于分子量较小,天然气的燃烧相对于汽油和柴油更为充分,在内燃机低负荷时的排放更为清洁。天然气的储量较大、价格较低,因而具有良好的燃料经济性。天然气作为燃料用于内燃机可以作为单一燃料,也可以和汽油、柴油掺混燃烧使用,具有很好的适应性。

甲醇作为代用燃料的研究也得到了很多研究者的重视。甲醇具有较高的含氧量,因而 CO、HC 及微粒排放均较传统内燃机有显著的改善。二甲醚也是常见的代用燃料,可以采用和柴油直接混合后缸内喷射供给,也可以采取在缸外喷射后随空气进气缸然后与柴油混合燃烧的方式,其对动力性影响不大,但对 CO、HC 及微粒排放有明显的改善。二甲醚和甲醇是重要的化工产品,价格较低,制备较为容易,有较为良好的应用前景。

氢燃料内燃机直接将氢气作为燃料,工作原理和传统内燃机并无区别,可以由传统内燃机改造得到。改造时只需在传统内燃机上增加一套氢气供给系统,略微改造点火系统即可,成本远低于氢燃料电池[35]。作为内燃机燃料的氢气不需要很高的纯度。水煤气法制氢、氨气分解或甲醇裂解制氢获得的氢气以及化工厂的副产品氢气都能满足氢燃料内燃机的使用要求,因而可以采用价格较为低廉的氢气来源。氢燃料内燃机可以采用和传统内燃机同样的维护渠道,配件价格低廉,维护成本相差不大,易于被用户接受。

氢燃料在内燃机缸内燃烧的速度很快,温度很高,因而通过气缸壁等部件散失的热量大于氢燃料电池,作为一种实际的内燃机,其效率必然低于理想的卡诺循环,因而也低于氢燃料电池的效率。但氢气燃烧速度快、火焰温度高,使氢燃料内燃机工作循环的等容度更高,效率明显高于汽油机[35]。氢燃料内燃机能在大多数工况实现零排放,在高负荷时也仅有 NO_x 一种排放污染物,相对传统内燃机燃料有巨大的优势[36]。

　　由于氢燃料内燃机的成本和可靠性优势,很多专家和学者认为,虽然氢燃料电池可能是氢气作为能源应用于车辆的最终方式,但最早可能大规模应用于车辆的还是氢燃料内燃机[37]。很多厂商,包括德国的奔驰、宝马、MAN,美国的福特,日本的日产,我国的长安都独立研究和开发了氢燃料内燃机及汽车。

第2章 动力蓄电池驱动系统

动力电池驱动系统是纯电动汽车的主要动力系统。以动力电池为储能单元,通过动力电池驱动电动机产生机械能,满足汽车行驶的功率需求。当动力电池储存的能量过低时,通过外部充电设施对动力电池组进行充电使其再次满足行驶需求。动力电池驱动系统在工作过程中仅仅消耗电能,不会产生任何有害排放,具有显著的减排优势。

2.1 车用动力电池驱动系统概述

基于动力电池驱动系统的纯电动汽车并不是近几十年的新生事物,实际上,早在1900年,纯电动汽车的年产量就占据了世界范围内车辆年总产量的近30%。在其后的发展中,由于动力电池的能量密度较低,电驱动系统难以满足使用要求逐渐退出市场。

进入21世纪以来,能源和环境问题对人类发展的制约形势日渐严峻,新能源汽车特别是纯电驱动汽车重新进入人们的视线,由于其运行完全无污染、低振动噪声,成为一种理想的选择。因而纯电动汽车也开始得到迅速的发展。

动力电池驱动系统作为纯电动汽车的动力单元,它的特点除了节能环保以外,还包括动力性、续航里程、经济性、充电速度等指标。这些指标的不断提升也是动力电池驱动系统能够成为未来主要车用动力单元的必要条件。

2.1.1 动力电池驱动系统组成

动力电池驱动系统主要由动力电池组、控制系统和驱动电机三个部分组成。由于提供额外动力的需要,部分动力电池驱动系统除了动力电池组以外,还包括超级电容等物理电池形式。为了获得更大的驱动转矩,动力电池驱动系统还要配置变速器等传动装置。

常见的动力电池驱动系统组成如图2.1所示。动力电池在控制器的管理下按照功率需求和本身的荷电状态向电动机输出电压和电流,产生驱动功率,电动机将电能转化为机械能,将一定的转矩和转速传递到驱动轴,驱动轴将转矩传输到车轮,克服外部阻力,使车辆行驶。

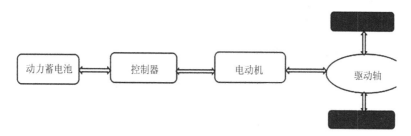

图 2.1　动力电池驱动系统组成

动力电池是驱动系统的能量来源,其储能大小和输出电压、电流决定着动力电池的工作能力和车辆的续航里程。动力电池的储能通常用 Ah 表示,Ah 是正常工作的放电电流和输出电压的乘积。通常来说储能越大,工作能力越强。

动力电池储存的能量来自外部。动力电池在充满电能的情况下具有较高的输出电压和较小的内阻,随着对外持续放电,其内阻不断增大,输出电压不断降低,自身耗能也不断加大,在这个过程中电化学能转化为电能。在输出电压降低到一定值时,动力电池需要重新充电,充电过程中,其内阻不断减小,输出电压不断升高,直至接近电池的电动势,这个过程中将电能转化为电化学能。

驱动电机作为驱动系统的执行部件,负责将动力电池输出的电能转化为机械能,其功率等于动力电池输出电压和输出电流的乘积。输出电压越高,电流越小,驱动电机的效率越高。而动力电池的输出电压较低,为了实现电动机的高效工作,一般需在系统中设置逆变器,提高电机的端电压。

通常而言,电动机在低转速具有较大的转矩而在高转速转矩较小,这使车辆的起步加速很快,但在高速时加速能力下降,更容易满足低速工况而对于高速工况较难适应。因此必要时需要增加辅助能源。

控制系统是整个动力电池驱动系统的核心,其不仅需要根据外界的功率需求来合理控制电机的输出电流,也需要考虑电池本身的荷电状态确定输出电流的限值,需要平衡动力电池组内部不同单体电池的放电。在电池组充电时也需要平衡各个电池的充电电流,从而保证各个电池均匀充电,提高电池组的寿命。

简而言之,电机、电池和电控是动力电池驱动系统的三个关键部件,也是对纯电动车辆进行研究的重点内容。

2.1.2 动力电池驱动系统分类

车用动力电池驱动系统有多种分类方式,最常见的分类方式有按照驱动电机形式分类和按照动力电池分类。

1. 按驱动电机形式分类

按驱动电机形式不同,搭载动力驱动控制系统的汽车可分为直流电动机驱动的电动汽车、交流电动机驱动的电动汽车、直流无刷电机驱动的电动汽车、感应电动机驱动的电动汽车和开关磁阻电动机驱动的电动汽车;按照电机的数量和安装位置可分类为单电动机驱动、双电动机驱动及电动轮电动汽车(轮毂电机驱动的电动汽车)。

2. 按动力电池类型分类

按使用的电池类型不同,车用动力电池驱动系统可分为铅酸电池、镍镉电池、钠硫电池驱动系统以及飞轮电池、太阳能电池驱动系统,作为辅助电池的超级电容,以及上述电池的组合类型。

2.1.3 动力电池驱动系统技术现状

主流动力电池驱动系统指标见表 2.1。

表 2.1 主流动力电池驱动系统指标

指标		小型纯电动汽车	公共服务领域纯电动商用车
动力电池	能量密度/(W·h/kg)	模块≥120	
	循环寿命	≥2000 次(100%DOD)	
	日历寿命	≥10 年	
	目标成本/[元/(W·h)]	模块≤1.5	
车用电动机	成本/[元/(W·h)]	≤200	≤300
	功率密度(kW/kg)	≥2.7	≥1.8
	最高效率	≥94%	
电子控制		纯电动汽车电动化总成控制系统 先进的纯电动汽车分布式控制系统 纯电动汽车车载信息、智能充电和远程监控系统	

（续表）

指标		小型纯电动汽车	公共服务领域纯电动商用车
整车平台	最高车速/(km/h)	≥75(微型)	≥80～110
	续航里程/km	≥100	≥150(非快充类)

2.2　车用动力电池

动力电池作为驱动系统的主要储能部件,通过储存在电池内部的化学能在行驶时产生的电能,驱动车辆行驶。由于车辆本身的运行需要较大的功率以及足够的行驶里程,通常要求动力电池满足以下条件:

(1)能够持续稳定的提供大电流,保证汽车保持足够的行驶速度。

(2)具有短时间超大电流放电能力,满足汽车加速和爬坡的需要。

(3)能够一次性储存足够的能源,保证汽车有足够的续航里程。

近年来,已经开发了越来越多满足这些条件的动力电池,按照类型的不同,这些电池可分为物理电池、化学电池、生物电池等。当前主流的汽车动力电池主要是铅酸电池、镍氢电池、锂离子电池等化学电池及超级电容等物理电池。

2.2.1　动力电池性能指标

1. 电压

电压是动力电池的重要指标,通常包括电动势、开路电压、额定电压、工作电压和终止电压等。

电动势是正负极之间的电位差,仅仅取决于正负极材料和电解液的性质。

开路电压是动力电池没有工作时正负极之间测得的电压,几乎与电动势相等。

工作电压是指正常工作时动力电池的输出电压。

终止电压是指动力电池在放电过程中,工作电压随着内阻的增大而降低,为了保证电池的寿命和持续工作能力,不宜继续放电时的最低工作电压。

2. 容量

容量是动力电池最为重要的性能指标,是完全充满电的状态下电池具有的能量,通常采用正常工作条件下供电时间和放电电流的乘积,单位是Ah。容量和放电电流的大小相关,放电电流的变化会造成容量的变化。

电池容量可用实际容量、标称容量或额定容量来表示。

实际容量是在实际工作时的容量,会由于工作状况不同,实际容量不是一个固定的值。

标称容量是动力电池对外宣称容量,由于工况变化造成实际容量不同,标称容量通常只给出容量范围。

额定容量是在特性放电条件下的容量,通常可采用10h放电率情况下的容量作为额定容量。

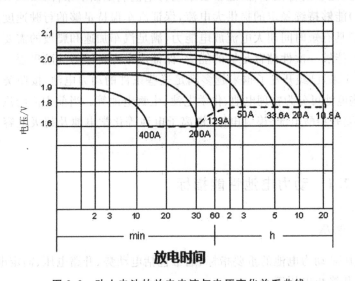

图 2.2　动力电池的放电电流与电压变化关系曲线

3. 功率

动力电池功率指的是在一定的放电制度下,电池在单位时间内放出的能量,电池的功率决定了车辆的最高车速和加速度,即决定了车辆的动力性。通常采用下列指标表征功率:

(1)比功率:电池单位质量所具有的电能功率,W/kg。

(2)功率密度:电池单位体积所具有的电能功率,W/L。

4. 能量

能量是动力电池总做功能力的标志,决定着车辆的续航里程,通常采用正常工作条件下供电电压和放电电流的乘积。具体指标主要如下:

(1)标称能量:指的是由一定标准所规定的放电条件下电池输出的能量,是额定电压和额定电流的乘积。

(2)实际能量:指的是一定条件下电池放电过程中实际电压和实际电流的乘积的和。

除此之外,动力蓄电池还有循环次数、使用年限、放电速率、成本等指标。

2.2.2　动力电池技术现状及前景

动力电池经历了近二十年来的持续快速发展,性能指标有了长足的进步,当前主流的动力电池的指标见表 2.2。

表 2.2　主流动力电池指标

	铅酸电池	镍镉电池	锂电池
单体电压/V	2.1	1.5	0.6
功率密度/(kW/kg)	50	100	200
循环次数/次	500	1000	2000
使用年限/年	3	6	10
成本/(元/Ah)	100	300	1000

当前,除低速电动汽车采用铅酸电池以外,主流纯电动汽车都采用锂电池,且大多数企业基本上都从第一代的磷酸铁锂电池变更为了三元锂电池,无论是寿命还是能量都得到了提高,成本也快速下降,为动力电池驱动系统的大规模商业应用提供了越来越好的条件。

2.3　驱动电机

2.3.1　驱动电机概述

驱动电机在纯电动汽车中被要求承担着电动和发电的双重功能,即在正常行驶时发挥其主要的电动机功能,将电能转化为机械能;而在降速和下坡滑行时又被要求进行发电,将车轮的惯性动能转换为电能。目前电动汽车市场上广泛采用的驱动电机为直流串激电动机,该电动机具有"软"的机械性能,与汽车的行驶特性非常相符。

电动汽车的变速和变换方向是通过设置电动汽车充电电动机调速控制装置完成的,该装置的主要作用是控制电动机的电压或电流,完成电动机的驱动转矩和旋转方向的控制。

电动汽车用的驱动电机不仅具有电动机的驱动作用,而且还具有发电机的功能。其工作模式主要分为两类:一是电动模式,主要是将电能转换为机械能。逆变器从蓄电池中获取功率,电池放电,电动机从逆变器中获取电功率,输出为机械能,电动机的扭矩和转速方向相同,进而推动车辆行驶。二是电动机将机械能转换为电能的发电模式,主要是车辆在制动过程中,带动电动机转动,此时,电动机的扭矩与转速方向相反,轴上输入为机械能,输出为电能,经过逆变器输出为直流电,对蓄电池进行充电。

电动汽车用驱动电机与常规的工业电动机存在一定的差异。由于电动汽车的行驶工况复杂,频繁出现起动/停车、加速/减速、低速或爬坡,要求驱动电机具有较高的转矩;而在车辆高速行驶时,又要求低转矩性质,并且需要驱动电机具有较宽的变速范围。而工业电动机通常优化配置在额定的工作点。因此,电动汽车的驱动电机具有较为独特的一面,应给予单独归类,在负载、技术性能和工作环境等方面,对电动汽车用驱动电机有着特殊的要求。对比电动汽车用驱动电机与工业电动机,主要区别包含如下几点:

(1)为满足电动汽车短时的加速或爬坡的性能,要求电动汽车用驱动电机需要有4～5倍的过载能力;而工业电动机只要求2倍的过载能力即可。

(2)电动汽车在公路上巡航行驶时,要求驱动电机的最高转速达到其基本速度的4～5倍;而工业电动机只需要达到恒功率时基本速度的2倍。

(3)电动汽车用驱动电机的设计需要考虑到车型与驾驶人员的驾驶习惯;工业电动机的设计只需要依据典型的工作模式即可。

(4)为降低车重,延长行驶里程,要求电动汽车用电动机具有高的功率密度、在较宽的转速范围内具有较高的效率;而工业电动机通常对功率密度、效率和成本进行综合考虑,在额定的工作点附近进行效率优化。

(5)对电动汽车用电动机的工作可控性、稳态精度、动态性能要求较高;而对工业电动机来说较为简单,只需要满足某一种特定的性能要求即可。

(6)电动汽车装载驱动电机的空间小,驱动电机经常工作在高温、坏天气及频繁的振动等恶劣条件下;而工业电动机的工作环境较为固定,一般固定安装在一个位置上进行工作。

目前在电动汽车上使用较为广泛、有应用前景的电动机主要有直流电动机、交流电动机、永磁无刷电动机和开关磁阻电动机,还有不少研究机构正在研究的超导体电动机。经历近二十年来的持续快速发展,车用电动机的性能指标有了长足的进步,当前主流的动力电池指标见表2.3。

表 2.3 当前主流的动力电池指标

性能	直流电动机	交流电动机	永磁无刷电动机	开关磁阻电动机
功率密度	差	一般	好	一般
力矩转速性能	一般	差	好	好
转速范围/(r/min)	4000～6000	9000～15000	4000～10000	>15000
最大功率/kW	85～89	94～95	95～97	<90
功率10%符合率/%	80～87	79～85	90～92	78～86
可操作性	差	好	好	好
结构坚固性	差	好	一般	好
体积、质量	大、大	一般	小、小	小、小
单位轴功率成本比(以直流电动机为1)	1	0.8～1.1	1～1.5	0.6～1
控制器成本(以直流电动机为1)	1	3.5	2.5	4.5

2.3.2 驱动电机输出特性

分析电机驱动系统的动力特性对完成电动汽车动力传动系统的参数匹配具有重要的理论意义。在各种可能的工况下,汽车行驶所需的功率、转矩或驱动力与行驶车速围成的平面构成汽车的驱动特性场,受路面条件和动力输出约束,理想的汽车驱动特性场如图2.3所示。其中,F_t 为驱动力,N;v 为车速,km/h。

从汽车动力性要求来看,最佳的汽车动力传动系设计应为在驱动轮处获得图2.3所示的理想驱动特性场,评价和对比汽车动力性能的指标可选为汽车在驱动轮处实际的输出驱动特性场占理想驱动特性场的百分比,百分比越大,动力性能越佳。对电动汽车,为获得最佳的动力性能,使电机驱动系统的动力特性尽可能地接近理想汽车驱动场十分必要,即低于额定工作转速为恒转矩输出,高于额定转速为恒功率输出。

图 2.4 所示为1994年美国通用汽车公司向重庆电机厂订购电动汽车

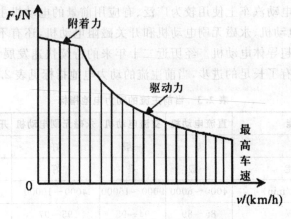

图 2.3　理想电动汽车驱动特性场

用 50kW 交流感应电机时,提出的电机必须满足的转矩特性图。

1. 峰值工作特性分析

电机驱动系统输出动力特性应满足电动汽车动力性设计指标(加速、爬坡、最高车速行驶)需求。与传统内燃机相比,电机驱动系统具有一定的过载能力,借用内燃机的相关概念,采用峰值工作特性进行描述,它表征了电动汽车行驶的后备功率,与整车的加速、爬坡性能密切相关;而整车的巡航行驶性能与电机驱动系统的连续输出特性(也称为额定工作特性)相关。

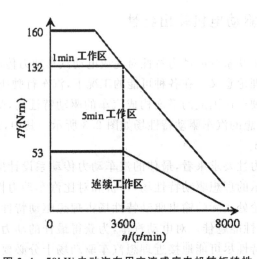

图 2.4　50kW 电动汽车用交流感应电机转矩特性

具有理想峰值工作特性的电机驱动系统对应的电动汽车整车驱动力-车速曲线如图 2.5 所示。

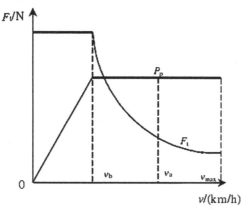

图 2.5　电动汽车整车驱动力—车速曲线

图中，v_b 为与电机基速（额定转速）n_n 对应的车速，km/h；v_{max} 为与电机最高工作转速 n_m 对应的车速，km/h；v_a 为电动汽车起步加速达到的某一车速，km/h；P_p 为电机峰值输出功率，kW。

电动汽车电机驱动系统的峰值特性可以选用峰值工作制时间 t_p、峰值功率 P_p 及影响汽车加速性能的电机转速因子 x 来描述。转速因子 x 为

$$x = \frac{n_m}{n_n} = \frac{v_{max}}{v_b}$$

式中：n_n 为电机基速，r/min；n_m 为电机最高工作转速，r/min。

为描述电机驱动系统的综合性能，采用功率密度和转矩密度，电机驱动系统转矩密度为

$$\rho_T = \frac{T_p}{m_m}$$

式中：ρ_T 为电机驱动系统转矩密度，N·m/kg；m_m 为电机驱动系统总质量，kg；T_p 为峰值转矩，N·m。

电机驱动系统功率密度为

$$\rho_p = \frac{P_p}{m_m}$$

式中：ρ_p 为电机驱动系统功率密度，kW/kg。

2. 额定工作特性分析

电机驱动系统额定工作特性是指电机在温升允许范围内达到热平衡并能够长时间连续稳定输出转矩的工作特性。电机额定工作特性的设计应能

够覆盖汽车行驶特性场中时间分布最密集的区域。为便于计算,电动汽车通常以最高设计车速的90％或我国高速公路最高限速120km/h匀速巡航行驶时的功率作为电机额定功率取值的下限。

2.4 控制系统

动力电池驱动系统的控制系统是整个驱动系统的核心。可以将控制器和整车控制器合并为VCU,也可以分为单独的BCU和MCU。其主要的功能包括电机输出控制、电池能量控制、安全控制和整车通讯等。

2.4.1 控制系统概述

对电机的控制主要是指通过控制电动机的电压或者电流以实现对电动机输出转矩以及旋转方向的控制,进而达到实现汽车变速和实现汽车行驶方向的改变,简言之就是对电动机的调速控制。直流电动机通常用调节电枢电压和调节励磁电流两种方法进行调速,但常用直流电动机的磁场多是固定的,因此只能通过调节电枢电压进行调速。调节电枢电压的方法主要有晶闸管调压法和脉宽调制法。其中脉宽调制法只能实现大功率的调速,而超大功率的调速仍要依靠晶闸管实现。

早期电动汽车通过串联电阻或者改变电动机磁场线圈的匝数实现对直流电动机的调速,但这种调速方法不仅调节范围有限,还会使电动机结构变得复杂,并且会增加不必要的能量消耗,因此这种调节方式已经不再被采用。现阶段,晶闸管斩波调速在电动汽车上得到了广泛的应用。晶闸管斩波调速方法主要是通过调节电动机的端电压以改变电动机的电流,进而实现电动机的无级调速。

伴随着新型驱动电机的发展和应用,直流逆变技术必将在电动汽车上得到更广泛的应用。

常见的电动机调速控制系统如下:

1. 串励直流电动机调速控制系统

直流电动机控制技术比较简单,其输出特性较为符合理想的牵引特性,同时串励直流电动机具有较大的启动转矩和过载能力,能够满足电动汽车起步、加速以及爬坡等对转矩的需求,因此串励直流电动机被广泛应用为电动汽车的驱动装置。

串励直流电动机的机械负载不变时,人为调节电动机转速的过程就是调速。影响串励直流电机转速的因素主要包括:电源电压、串联在电枢电路中的电阻以及电机气隙的主磁通。目前电动汽车用电动机控制器主要采用脉宽调制法进行调速,该方法通过将直流电转换成宽度可调的脉冲,即改变电压值以实现对直流电动机无级调速。

2. 交流异步电动机调速控制系统

常见的对交流异步电动机的调速方法主要有变级调速、变频调速和变转差率调速。

交流异步电机采用变级调速,可以简化控制电路,同时可以通过变换磁场三相电流的相序实现电机转向的改变。但变级调速属于有级的调速方式,使得交流异步电动机的输出特性不如直流电机。

交流异步电机采用变频调速可以使控制电路更加简单,同时可以方便地实现电动汽车的制动能量回收。自电气传动领域中的直流电动机调速被交流电动机调速取代以来,变频调速是交流调速方法中发展最为迅速的一种调速方法,调速性能和装置效率的突出表现使其成为交流电动机调速的主流方法。

变转差率调速主要有定子调压调速、转子串电阻调速以及串级调速等,但变转差率调速方式会使得电动机结构复杂,几乎没有得到应用。

3. 开关磁阻电动机调速控制系统

开关磁阻电动机调速控制系统是基于改变供电电源频率的调速方法,是开关磁阻电动机与电力电子技术相结合而产生的一种机电一体化的装置。开关磁阻电动机调速控制系统主要包括:开关磁阻电机、功率变换器、单片机、电流及位置检测器等。其具有性能优越、保护功能完善、性价比较高等优点。同时,开关磁阻电动机调速控制系统调速范围广、机械输出特性较好、启动和制动性能卓越。

4. 无刷直流电动机调速控制系统

无刷直流电动机是机电一体化产品,不仅具有异步电机机构简单、运行可靠、维护方便的特点,同时具有直流电动机调速性能优越的特点,非常适合应用于电动汽车。国外一些公司开发出了无刷直流电动汽车控制系统的专用集成电路,该电路集成度高、电路简单、抗干扰能力强。

无刷直流电动机调速控制系统中的主处理器根据无刷电动机的霍尔信号对不同驱动电路选择性打开与关闭以完成对电动机的换相。此外主处理器根据加速踏板对电压的调节以改变相应脉冲宽度的方波信号,同时结合驱动电路信号以达到控制电动机的转速的目的。

2.4.2 动力系统控制策略

对纯电动汽车,重点研究控制系统的核心控制算法与应用软件的开发方法,研究制定以提高动力系统能量利用效率并兼顾行驶平顺性为目的的整车驱动与制动控制策略和控制算法,确定满足整车行驶工况的安全控制策略及故障诊断和容错控制算法,构建基于 CAN 通信协议的纯电动汽车整车控制系统结构体系,建立控制系统快速控制原型开发与测试标定技术平台。内容包括两大部分:整车控制系统结构和 CAN 网络设计。

VCU 产品满足标准化大批量生产工艺设计,符合制订出的纯电动汽车整车控制器企业技术规范等基础性标准,具有踏板扭矩解析功能;具有驱动、制动能量会受控制功能;具有能量管理、动态协调功能;具有安全保护与网络通信功能。

1. 控制系统主要功能

主要功能:VCU 完成对车辆各个模块的监控和通信,是整车的"大脑"。根据车型不同,VCU 的功能有较大差异,其主要功能如下:

①车辆驾驶:采集司机的驾驶需求,管理车辆动力分配。

②网络管理:监控通信网络,信息调度,信息汇总,网关。

③仪表的辅助驱动。

④故障诊断处理:诊断传感器、执行器和系统其他部件故障并进行相应的故障处理,按照标准格式存储故障码。

⑤在线配置和维护:通过车载标准 CAN 端口,进行控制参数修改,匹配标定,功能配置,监控,基于标准接口的调试能力等。

⑥能量管理:通过对电动汽车车载耗能系统(如空调、电动泵等)的协调和管理,以获得最佳的能量利用率。

⑦功率分配:通过综合车辆信息、电池和电机信息计算电机功率的分配,进行车辆的驱动控制和制动能量回馈控制,从而在系统允许范围内获得最佳的驾驶性能。

⑧真空助力泵的控制及故障诊断,真空泵故障时电制动辅助控制。

⑨坡道驻车辅助控制。

⑩坡道起步时防止后溜控制。

2. 控制系统的 CAN 网络体系

整车控制器 VCU 通常基于 CAN 总线实现整车控制系统的功能。

CAN 总线使得汽车各控制单元能够共享信息和资源,达到简化布线、减少传感器数量、避免控制功能重复、提高系统可靠性和维护性、降低成本、更好地匹配和协调控制各个系统的目的,原理如图 2.6 所示。

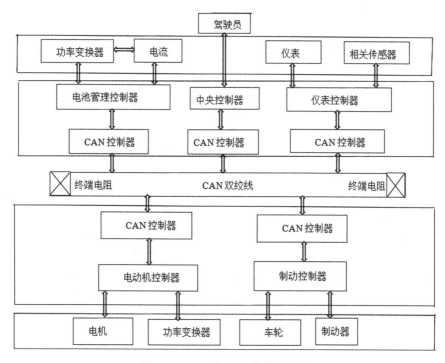

图 2.6　VCU 的 CAN 总线原理图

需要 CAN 连线通信的系统有电机及其管理系统、电池及其管理系统、整车控制器、车载显示系统和电动附件等。

2.5　动力电池驱动系统控制策略

控制策略是动力电池驱动系统控制能够正常工作的核心和关键,常见的动力电池驱动系统控制策略包括动力输出控制策略、能量管理策略、充电管理及安全管理策略等。

2.5.1　驱动管理策略

驱动管理的核心在于对驱动电机的输出转速和输出扭矩进行调整,使其满足车用动力需求以及满足对电池的保护要求。对不同的电机而言,其速度特性不同,因而驱动管理策略也不相同。不同电机的控制策略详见 2.4.1。

2.5.2　系统能量管理

能源管理系统的主要功能是在汽车行驶中进行能源分配,协调各功能部分工作的能量管理,使有限的能量源最大限度地得到利用。能源管理系统与电力驱动主模块的中央控制单元配合在一起控制发电回馈,使纯电动汽车在降速制动和下坡滑行时进行能量回收,从而有效地利用能源,提高纯电动汽车的续航能力。

能源管理系统还需与充电控制器一同控制充电。为提高蓄电池性能的稳定性和延长使用寿命,需要实时监控电源的使用情况,对蓄电池的温度、电解液浓度、蓄电池内阻、电池端电压、当前电池剩余电量、放电时间、放电电流或放电深度等蓄电池状态参数进行检测,并按蓄电池对环境温度的要求进行调温控制,通过限流控制避免蓄电池过充、放电,对有关参数进行显示和报警,其信号流向辅助模块的驾驶室显示操纵台,以便驾驶员随时掌握并配合其操作,按需要及时对蓄电池充电并进行维护保养。

2.5.3　系统充电管理策略

充电机应满足以下安全要求:

①充电机应具有符合 GB/T 18487.1-2015 标准中的充电控制导引电路。

②充电机应具备防输出短路和防反接功能。

③充电机(系统)应具有检测充电连接器是否可靠连接的功能。充电连接器没有可靠连接时,充电机应不能启动。

④动力蓄电池总成 ECU 与充电机之间建立连接的情况下,如果动力蓄电池总成 ECU 尚未发出充电允许信号,应不能启动充电机。

⑤通信或充电导引电路发生故障时,应不能启动充电机。

⑥充电过程中,通信和充电导引电路发生故障后,充电机应能自动

关闭。

⑦充电过程中,充电机应能接受并执行动力蓄电池总成 ECU 发出的充电关闭指令。

⑧充电过程中拔充电连接器时,充电机应能检测到充电连接器的分离动作,并使充电连接器高压插接端子在零电流状态下分离。

⑨充电过程中,采用手动或充电机监控系统调整充电电压或充电电流时,充电电压和充电电流应不能超过动力蓄电池总成 ECU 中设定的最高允许值。

⑩在充电过程中,当电池充电电压、充电电流或电池温度超过允许值时,充电机应具有报警功能,并能够自动采取相应的控制措施。

⑪充电机的电击防护要求应符合 GB/T 18487.1-2015 标准中的要求。

⑫对充电介质绝缘测试应符合 GB/T 18487.3-2015 标准中的要求。

2.6 典型应用及性能预测

动力电池驱动系统在国内应用较为多见,典型车型如图 2.7 所示。

①奇瑞小蚂蚁。车身长宽高分别为 3200mm×1670mm×1550mm,轴距为 2150mm。动力方面,搭载 30kW 的电动机,最高时速可达到 100km/h,最大续航里程为 151km。在快充模式下 0.5h 即可为新车充满电,慢充模式下则需 6~8h。

②景逸 S50EV。景逸 S50EV 的最大续航里程可达到 300km,其最高时速为 150km/h。车身长宽高分别为 4630mm×1790mm×1526mm,轴距为 2700mm。

③帝豪 EV。吉利帝豪 EV 的最大续航里程可达到 300km,轴距 2650mm,最高时速 150km/h。

④腾势 400。腾势 400 最大功率 135kW,最大扭矩 300N·m。最大续航里程达到 400km,长宽高分别为 4642mm×1850mm×1642mm,轴距为 2880mm。

根据行业预测,未来十年,动力电池驱动系统及纯电动车辆的主要指标将不断增长,预计动力电池指标见表 2.4。

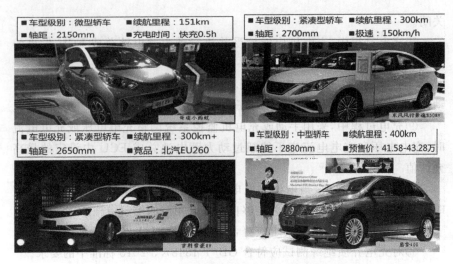

图 2.7　常见动力电池驱动系统应用

表 2.4　5～10 年后的动力电池指标

指标		轿车	客车
动力电池	能量型电池单体能量密度/(Wh/kg) 新型	≥250	
	能量型电池单体能量密度/(Wh/kg) 新体系	≥400	
	功率型电池单体能量密度/(W/kg)	≥5000	
车用电动机	功率密度/(kW/kg)	3.0	
	最高效率/%	94	
	电子控制	新型电动机集成驱动的底盘动力学控制系统； 下一代纯电驱动整车控制系统关键技术； 纯电驱动汽车 ITS 及车网融合（V2G，V2H）技术	
整车平台	最高车速/(km/h)	≥180	≥80
	纯电续航里程/km	≥500	≥600
	经济性	≤140Wh/km	≤0.05kWh/km

2.7　本章小结

动力电池驱动系统近年来得到了长足的发展,动力电池的能量密度和容量不断增加,使电动汽车长距离行驶成为可能。近二十年来,动力电池的价格逐渐下降,接近大规模商业应用的要求。动力电池驱动系统的能量管理、充电管理和安全管理有了显著的进步,这使动力电池驱动系统有可能成为主流动力系统。

第 3 章　燃料电池动力系统

　　燃料电池动力系统,是由燃料电池提供能量驱动电动机对外输出功率的动力系统。其通过燃料和氧化剂在燃料电池内部的化学反应产生电能,并通过极板向电动机输出电能。燃料电池的燃料从电池外部供给,氧化剂通常也从外部供给,控制系统通过调节燃料和氧化剂的供给,并参考温度、湿度等参数控制燃料电池的功率输出。

　　燃料电池依靠外部燃料和氧化剂工作的方式和传统内燃机更为相似,而和动力电池有很大的不同。由于燃料加注的速度很快,燃料电池动力系统克服了普通动力电池能量密度低,能量携带较少的缺陷,同时可以获得很高的效率和实现零排放,是非常有发展前景的清洁能源动力系统。

3.1　燃料电池动力系统概述

3.1.1　燃料电池动力系统

　　燃料电池动力系统是通过燃料电池产生电能,在控制系统作用下,驱动电动机产生机械能的动力系统。其核心部件包括燃料电池系统、控制系统和电机。

　　燃料电池堆是燃料电池动力系统的核心部件,通过燃料和氧化剂的化学反应产生电能,其对外输出功率可由控制系统调节;燃料电池系统产生的电压较低,一般需通过 DC/DC 变换器升压后才能驱动电机;电机的转速、转矩等参数通过电机控制器实现可控调节后,对外输出转矩经传动装置作用在驱动轴上。为了保证功率输出的稳定,在电机前端通常还会配备辅助能量储存系统。

　　燃料电池系统的功率输出比较稳定,为了满足车辆瞬时功率变化剧烈的需求,燃料电池系统会和蓄电池及超级电容联合使用。常见的燃料电池动力系统可以分为单一燃料电池(FC)系统、燃料电池＋蓄电池(FC＋B)系统、燃料电池＋超级电容(FC＋C)系统、燃料电池＋蓄电池＋超级电容(FC

＋B＋C)系统等四种结构。

　　FC＋B＋C 组合被认为能够最大限度满足整车的起动、加速、制动的动力和效率需求,但成本最高,结构和控制也最为复杂。目前最为常见的燃料电池动力系统是 FC＋B 组合,包含燃料电池系统、辅助储能系统、电动机和控制系统四个组成部分,其组成结构如图 3.1 所示。

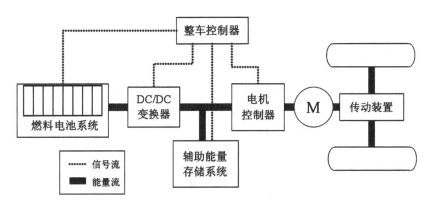

图 3.1　燃料电池动力系统

　　图中的 DC/DC 变换器主要作用有两个:一是控制系统母线上的工作电压,使之不随燃料电池输出电压的下降而下滑,保证电机输入电压恒定;二是作为能量流分配的控制部件,控制辅助能量存储系统的充放电。在采用该结构时,对燃料电池系统的控制目标使自身运行达到最佳效率,其输出功率经过 DC/DC 变换器进行调整之后,根据电机功率需求和蓄电池状态,用以驱动电机或给蓄电池充电。

　　DC/DC 变换器具有一定的效率损失,损失的大小与输入输出电压比和输出功率有关,在低功率时损失更大。图 3.1 中的 DC/DC 变换器位于能量总线上,因其一般功率较大,因此体积大、重量沉。事实上,电机输入电压的范围比较宽广,因此考虑去除该 DC/DC 变换器,将燃料电池系统与驱动电机直接相连,如图 3.1 所示,取消主 DC/DC 变换器的同时,该方案需在燃料电池系统和辅助能量系统之间加入一个小功率 DC/DC 变换器,该 DC/DC 变换器与主 DC/DC 变换器相比,具有体积小、重量轻、发热量小、电磁干扰弱等优点。

　　在燃料电池电动汽车中,驱动电机是动力的唯一来源,在整车中有着至关重要的作用。它主要的作用是高效率地将燃料电池和蓄能器中的能量转化为机械能来满足车辆在行驶过程中所需要对抗的负载,在制动或减速的过程中还可以通过电机发电的功能回收能量储存在蓄能器中。

　　驱动电机作为燃料电池电动汽车的唯一动力输出源,对它有一定的要求,要求高低主要取决于燃料电池汽车所需达到的性能指标(最大所能达到的车速,在一定车速下的最大爬坡度以及零至百公里的加速时间),与此同时,燃料电池汽车对驱动电机的要求主要有低成本,便于后期维修,高功率,体积小,质量轻,可靠性高,良好的可控性和稳定性。因此,在选择驱动电机时不仅要考虑它的类型,还要把它放在整车系统中综合进行匹配,以期达到最终的目标。

3.1.2　燃料电池系统组成原理

燃料电池(Fuel Cell)系统是将存在于燃料与氧化剂中的化学能直接转化为电能的发电装置。各种燃料电池均包含燃料和氧化剂入口、出口、极板、电解质槽等基本结构。虽然结构参数、燃料和电解液各有不同,但各种燃料电池的工作原理是类似的。其工作原理如图 3.2 所示。

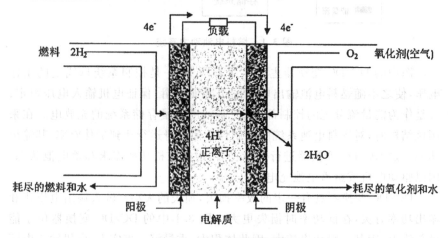

图 3.2　燃料电池结构原理

燃料电池含有阴阳两个电极,分别充满电解液,而两个电极间则为具有渗透性的薄膜所构成。氢气由燃料电池的阳极进入,氧气(或空气)则由阴极进入燃料电池。经由催化剂的作用,使得阳极的氢原子分解成两个氢质子(Proton)与两个电子(Electron),其中质子被氧(吸引)到薄膜的另一边,电子则经由外电路形成电流后,到达阴极。在阴极催化剂的作用下,氢质子、氧及电子,发生反应生成水,水可以说是燃料电池唯一的排放物。燃料和氧化剂在电解质中发生电化学反应产生的带正电和负电荷的离子分别在阳极和阴极聚集,形成电动势和电量,和外部负载(电动机)接通后,即可对外输出动力。

典型的车用燃料电池系统如图 3.3 所示,它包括以下几个组成部分:

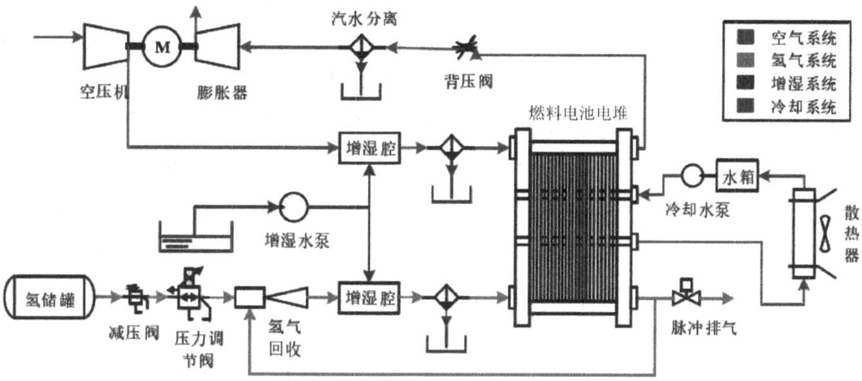

图 3.3　典型车用燃料电池系统

燃料电池电堆:燃料电池电堆是燃料电池系统的核心组件,在电堆中反应气体的化学能转化为电能输出。

氢气系统:氢气系统包括氢源、减压阀、压力调节阀、汽水分离器、氢气回收泵、氢气尾排阀等。其中氢源一般为储存在高压钢瓶的压缩氢气,也有使用储氢材料作为氢源,另外还有通过车载的天然气、甲醇、汽油高温裂解装置进行在线制氢作为氢源。采用盲端阳极式的氢气系统可以减少氢气回收泵等零部件,有利于减轻燃料电池系统的重量、体积和成本,逐渐成为燃料电池氢气系统构型的主流。

空气系统:空气系统主要由空压机、增湿器、汽水分离器、背压阀等组成。为了提高燃料电池电堆的功率密度,常常采用空压机将空气压力提高以提高氧气分压,增大反应物体积浓度。空气经过加压后一般温度会上升,若空压机压缩比较高,空压机出口的气体温度会超过膜的玻璃态转变温度(100℃左右),使得质子交换膜发生热解,因此有的系统会在空压机之后增加中冷器以降低空气温度。在燃料电池阴极出口端设置有背压阀,与空压机配合工作,用以控制阴极气体压力。在有的系统中,背压阀后端气体仍然有很高的压力,在背压阀后端设置膨胀器能够将排气的部分能量回收。

冷却系统:质子交换膜燃料电池的能量转换效率在 40%～50%,剩下的能量大部分以产热的形式消耗,因此需要冷却系统以保证电堆在合适的温度下运行。冷却系统一般采取在双极板中设置冷却液流道的方式,将燃料电池各单片运行过程中产生的热量通过冷却液带走。冷却系统还包括冷却水泵、散热器和电控风扇,以保证冷却液的强制流动和循环使用,以及对电堆温度的有效控制。此外,冷却系统中常常参照汽车发动机冷却系统的方式设置节温器形成大小循环,并加入冷却液加热器以提高冷启动性能。

增湿系统:质子交换膜只有在充分润湿的状态下才能有效地传递质子,膜在缺水的状态下,质子的传导性将显著下降。因此需要对入堆的气体进行增湿。阳极是否需要增湿取决于燃料电池电堆中质子交换膜的特性,如果质子交换膜的透水性良好,只需要阴极加湿即可满足电堆正常工作要求,则氢气系统中的增湿器可以省略。增湿系统和冷却系统中的水均需要采用去离子水,以防止电堆短路及水中的 Fe^{2+}、Cu^{2+} 等离子造成膜的腐蚀。有的系统中,增湿水和冷却水回路相互独立,此时冷却水中能够加入防冻剂改善电堆的低温冷启动性能;有时增湿水系统与冷却系统共用一个水箱,以减少系统部件,降低系统复杂程度,控制系统成本、体积和质量。

功率输出系统和控制系统:除上述组成部分以外,燃料电池发动机系统还包括功率输出系统和控制系统。由于频繁的工况变化对燃料电池的耐久性有很大的影响,因此车载燃料电池常常与 DC/DC、动力电池等组成混合动力系统联合工作。功率输出系统能够将燃料电池的输出功率与整车需求功率相结合,实现对燃料电池的优化控制。控制系统的作用是完成燃料电池系统的启动和停机,对燃料电池反应气体流量、压力、湿度及燃料电池温度的控制,维持燃料电池系统稳定运行以及对燃料电池系统进行监控,对故障的诊断及发生故障时的容错控制。

3.1.3　燃料电池系统分类

根据燃料的种类不同,燃料电池可分为氢燃料电池、含氢重整燃料电池、甲醇燃料电池等;根据电解质的不同,燃料电池可分为碱性燃料电池(Alkaline Fule Cell,AFC)、磷酸性燃料电池(Phosphoric Acid Fule Cell,PAFC)、质子交换膜燃料电池(Proton Exchange Membrane Fuel Cell,PEMFC)、熔融碳酸盐燃料电池(Molten Carbonate Fuel Cell,MCFC)、固体氧化物燃料电池(Solid Oxide Fuel Cell,SOFC)等几种。每种燃料电池都有其特定的应用场合,表 3.1 介绍了不同燃料电池的结构特点。

表 3.1　不同类型燃料电池系统的特点

	AFC	PAFC	MCFC	SOFC	PEMFC
电极	镀金	碳	镍和镍的氧化物	金属水泥	碳
催化剂	铂基	铂基	非贵金属材料	非贵金属材料	铂基
电解质	钾的氢氧化物	磷酸液体	熔融碳酸盐	致密氧化钇稳定氧化钇	固体聚合物

（续表）

	AFC	PAFC	MCFC	SOFC	PEMFC
操作温度/℃	$80\sim260$	约 200	$600\sim700$	$600\sim1000$	$50\sim80$
负离子载体	OH^-	H^+	CO_3^{2-}	O^{2-}	H^+
水产物处理	蒸发	蒸发	气体产品	气体产品	蒸发
CO 可溶度 /[g/(kg·d)]	否,有毒 $(<5\times10^{-7})$	否,有毒 $(<5\times10^{-7})$	是(燃料)	是(燃料)	否,有毒 $(<5\times10^{-7})$
电效率/%	约 50	约 40	$45\sim55$	$50\sim60$	$40\sim50$
功率密度 /(mW/cm²)	$150\sim400$	$150\sim300$	$100\sim300$	$250\sim350$	$300\sim1000$
功率范围 /W	$1\sim100$	$50\sim1000$	$1000\sim10^5$	5×10^5	$10^{-3}\sim1000$

从表 3.1 可知在高温下（600℃ 以上）工作的有氧化物燃料电池（SOFC）和熔融碳酸盐燃料电池（MCFC），它们具有转换有毒污染物的能力，并且可以直接用氧化烃类做燃料（如甲烷），当然它们的排放除了水还有少量的 CO 和 CO_2。燃料的杂质对燃料电池的性能影响较小，电效率普遍比低温下工作的燃料电池高。由于其工作温度很高，导致燃料电池的内部必须由耐高温陶瓷构成，主要用于固定式和热电联产发电。

在低温下工作的燃料电池有碱性燃料电池（AFC）和磷酸燃料电池（PAFC）。其中碱性燃料电池（AFC）历史最悠久，它的电解质一般为 KOH，优势在于能够快速启动，相比其他的燃料电池，在较高的室温下都能略高于其他燃料电池的电效率，但是可靠性较差，目前主要用于固定式发电和空间技术，成本较高。磷酸燃料电池（PAFC）以磷酸液体作为电解质，温度低于 80℃ 时无法正常工作，效率急剧降低，而正常的化学反应的温度在 20℃～30℃，导致了磷酸燃料电池启动性较差，而且低功率输出时，其电极（碳）的性能会持续下降，目前主要用在分散的发电厂和热电厂。这些燃料电池的燃料必须是纯氢气，因为它们的催化剂铂对 CO 非常敏感，CO 对电极的活性有伤害。

目前质子交换膜燃料电池应用于较多领域，无论是车载应用还是固定作为发电。被广泛应用的主要原因在于结构比较紧凑，质量较轻，零排放，适应频繁的启动，且启动快速以及 40%～50% 的电气效率，并且功率密度高于其他类型的燃料电池，能在较低的温度下工作（80℃ 左右）。

3.2 燃料电池系统发展及应用

1839 年英国的 Grove 发明了燃料电池,并用这种以铂为电极催化剂的简单的氢氧燃料电池点亮了伦敦讲演厅的照明灯。1889 年 Mood 和 Langer 首先采用了燃料电池这一名称,并获得 $200mA/m^2$ 电流密度。由于发电机和电极过程动力学的研究未能跟上,燃料电池的研究直到 20 世纪 50 年代才有了实质性的进展,英国剑桥大学的 Bacon 用高压氢氧制成了具有实用功率水平的燃料电池。

20 世纪 60 年代初期,美国国家航天局(NASA)为了寻找为一系列无人航天飞行器提供动力的方法,资助了一系列研究合同,最终获得了第一个质子交换膜电池。随后质子交换膜燃料电池不断发展,到了 20 世纪 90 年代,加拿大公司 Ballard 在 1993 年生产出了第一辆燃料电池汽车。

进入 21 世纪以来,燃料电池动力系统的研究得到了主流研究机构的重视,丰田、现代、戴姆勒等汽车公司纷纷开发了自己的燃料电池堆和燃料电池汽车,实现一次加氢行驶 500～600km 的续航里程。

我国的燃料电池研究始于 1958 年,原电子工业部天津电源研究所最早开展了燃料电池的研究。20 世纪 70 年代,在航天事业的推动下,中国燃料电池的研究曾呈现出第一次高潮。"九五"和"十五"期间,国家都把 FCV 及相关技术研究列入科技计划,国家"863"计划和"973"计划都设立了许多与此相关的科研课题。"十五"国家重大科技专项之一的"电动汽车专项"将FCV 列为重要内容。"十一五"国家继续支持"节能与新能源汽车"相关项目,包括 FCV 的研究。

我国在近 10 年里一直积极支持燃料电池汽车研发工作,先后研发了"超越"系列、"东方之子"、"奔腾"、"志翔"、"帕萨特"、"上海牌"等燃料电池轿车,并投入示范运行。

3.2.1 北美燃料电池技术发展

美国和加拿大是燃料电池研发和示范的主要国家,在美国能源部(DOE)、交通部(DOT)和环保局(EPA)等政府部门的支持下,燃料电池技术取得了很大的进步,通用汽车、福特汽车、丰田、戴姆勒奔驰、日产、现代等整车企业均在美国加州参加燃料电池汽车的技术示范运行,并培育了美国的 UTC(联合技术公司)、加拿大的巴拉德(Ballard)等国际知名的燃料电池研发和制造企业。

美国通用汽车公司 2007 年秋季启动的 ProjectDriveway 计划,将 100 辆雪佛兰 Equinox 燃料电池汽车投放到消费者手中,2009 年这些车辆的总行驶里程达到了 160 万 km。2009 年,通用汽车宣布研发全新的一代氢燃料电池系统,新系统与雪佛兰 Equinox 燃料电池车上的燃料电池系统相比,新一代氢燃料电池体积缩小了一半,质量减轻了 100kg,铂用量仅为原来的 1/3。通用汽车新一代燃料电池汽车的铂用量已经下降到 30g,按照目前国际市场价格,铂为 300~400 元/g,100kW 燃料电池的铂成本约为 1 万元人民币,燃料电池的成本大幅度下降。

美国在 2006 年专门启动了国家燃料电池公共汽车计划(National Fuel Cell City Bus Program,NFCBP),进行了广泛的车辆研发和示范工作,2011 年美国燃料电池混合动力公共汽车实际道路示范运行单车寿命超过 1.1 万 h。

美国在燃料电池混合动力叉车方面也进行了大规模示范,截至 2011 年,全美大约有 3000 台燃料电池叉车,寿命达到了 1.25 万 h 的水平。燃料电池叉车在室内空间使用,具有噪音低、零排放的优点。

3.2.2　欧洲燃料电池技术发展

欧洲的燃料电池客车示范计划,完成了第 6 框架计划(Framework Program,2002—2006)和第 7 框架计划(2007—2012),目的是突破燃料电池和氢能发展的一些关键性技术难点,在 CUTE (Clean UrbanTransport for Europe,欧洲清洁氢能)及欧盟其他相关项目支持下,各个城市开展燃料电池公共汽车示范运行,2010 年新的计划 CHIC(Clean Hydrogen inEuropean Cities,欧洲清洁都市交通)开始实施,包括阿姆斯特丹、巴塞罗那、汉堡、伦敦、卢森堡、马德里、波尔图、斯德哥尔摩、斯图加特、冰岛以及澳大利亚帕斯等,欧洲在燃料电池汽车的可靠性和成本控制等方面取得了长足的进步。

在德国,2012 年 6 月,主要的汽车和能源公司与政府一起承诺,建立广泛的全国氢燃料加注网络,支持发展激励计划,即到 2015 年,全国建成 50 个加氢站,为全国 5000 辆燃料电池汽车提供加氢服务。戴姆勒奔驰于 2011 年开展燃料电池汽车的全球巡回展示,验证了燃料电池轿车性能已经达到了传统轿车的性能,具备了产业化推广的能力。

戴姆勒集团参与"Hy FLEET:CUTE(2003—2009)"项目。36 辆梅赛德斯-奔驰 Citar 燃料电池客车已由 20 个交通运营商进行运营使用,运营时间超过 14 万 h,行驶里程超过 220 万 km。但是第一代纯燃料电池的客车,寿命只有 2000h,经济性较差。戴姆勒集团于 2009 年开始推出第二代轮边电机驱动的燃料电池客车,主要性能达到了国际先进水平,其经济性大幅度改善,燃料电池耐久性达到 1.2 万 h。

德国西门子公司研发的燃料电池,已经成功地应用于德国的 214 型潜艇上(氢氧型)[11]。2007 年德国戴姆勒奔驰公司,美国福特汽车公司和加拿大 Ballard 公司合作,成立 AFCC 公司(Automotive Fuel Cell Cooperation,车用燃料电池公司),以研发和推广车用燃料电池。2013 年年初,宝马公司决定与燃料电池技术排名第一的企业——丰田汽车公司合作,由丰田公司向宝马公司提供燃料电池技术。

3.2.3 日韩燃料电池技术发展

从全球范围看,日本和韩国的燃料电池研发水平处于全球领先,尤其是丰田、日产和现代汽车公司,在燃料电池汽车的耐久性、寿命和成本方面逐步超越了美国和欧洲。

丰田公司的 2008 版 FCHV-Adv 在实际测试中,实现了在 -37℃ 顺利启动,一次加氢行驶里程达到了 830km,单位里程耗氢量 0.7kg/100km,相当于汽油 3L/100km。2013 年 11 月,丰田在"第 43 届东京车展 2013"上,展出了计划在 2015 年投放市场的燃料电池概念车,作为技术核心的燃料电池组目前实现了当时公开的全球最高的 3kW/L 功率密度。该燃料电池组去掉了加湿模块,不但降低了成本、车质量和体积,还减少了燃料电池组的热容量,有利于燃料电池在低温条件下迅速冷启动。

目前丰田汽车公司在扩大混合动力汽车的同时,重点针对燃料电池汽车的产业化进行准备。

和丰田汽车公司类似,日产汽车也投入巨资开展燃料电池电堆和轿车的研发。2011 年日产研发的燃料电池电堆,功率 90kW,质量仅 43kg。2012 年,日产汽车公司研发的电堆功率密度达到了 2.5kW/L,这在当时是国际最高水平[14]。另外,本田公司新研发的 FCX Clarity 燃料电池汽车,能够在 -30℃ 顺利启动,续航里程达到 620km。2014 年,本田发布的新一代燃料电池堆功率密度也达到 3kW/L。

韩国现代从 2002 开始研发燃料电池汽车,2005 年采用巴拉德的电堆组装了 32 辆运动型多功能车(Sportsutility Vehicle,SUV),2006 年推出了自主研发的第一代电堆,组装了 30 台 SUV,4 辆大客车,并进行了示范运行;2009—2012 年间,开发了第 2 代电堆,装配 100 台 SUV,开始在国内进行示范和测试,并对电堆性能进行改进;2012 年,推出了第 3 代燃料电池

SUV 和客车,开始全球示范;2013 年,韩国现代宣布将提前 2 年开展千辆级别的燃料电池 SUV(现代 ix35)生产,在全球率先进入燃料电池千辆级别的小规模生产阶段。该 SUV 采用了 100kW 燃料电池,24kW 锂离子电池,100kW 电机,70MPa 的氢瓶可以储存 5.6kg 氢气,新欧洲行驶循环测试(New European Drive Cycle,NEDC)工况下续航里程 588km,最高车速 160km/h。

3.2.4　我国燃料电池技术发展

在中国国家"八六三"高技术项目、"十五规划"的电动汽车重大科技专项与"十一五规划"节能与新能源汽车重大项目的支持下,通过产学研联合研发团队的刻苦攻关,中国的燃料电池汽车技术研发取得重大进展,初步掌握了整车、动力系统与核心部件的核心技术,基本建立了具有自主知识产权的燃料电池轿车与燃料电池城市客车动力系统技术平台,也初步形成了燃料电池发动机、动力电池、DC/DC 变换器、驱动电机、供氢系统等关键零部件的配套研发体系,实现了百辆级动力系统与整车的生产能力。

中国燃料电池汽车正处于商业化示范运行考核与应用的阶段,已在北京奥运会燃料电池汽车规模示范、上海世博会燃料电池汽车规模示范、UN-DP(United Nations Development Programme,联合国开发计划)燃料电池城市客车示范以及"十城千辆"、广州亚运会、深圳大运会等示范应用中取得了良好的社会反响。

表 3.2　国内外燃料电池轿车性能对比

	上汽集团 上海牌	上汽集团 Plug-in	DC F-Cell	Honda Clarity	Toyota FCHV adv	GM Proboq
整车整备质量/kg	1833	1890	1700	1625	1880	1978
0~100km/h 加速时间/s	15	15	10	11	—	8.5
最大车速/(km/h)	150	150	170	160	155	160
一次加氢续航里程/km	300	300	616*	570	830**	483
燃料电池功率/kW	55	30	80	100	90	88
储氢压力/MPa	35	35	70	70	70	70
冷启动温度/℃	−10	−10	−25	−30	−30	−25
电机功率/kW	90	88	100	100	90	150
电极转矩/Nm	210	210	290	260	260	—

*-NEDC 工况;**-EPA 工况;中国品牌使用中国城市循环工况。DC——德国戴姆勒·克莱斯勒集团公司,GM——美国通用汽车公司。

我国燃料电池轿车在动力性、续航里程等基本性能指标方面与国外的车型基本相当,最高车速基本都在 $150\sim170km/h$ 上下,百公里加速时间也基本在 $10\sim15s$ 左右。但由于国外开始采用 70MPa 车载储氢系统,一次加注的续航里程大大提高。从动力系统的基本配置来看,最大的差别在于燃料电池发动机的功率输出能力与电机的转矩输出能力上。其中国外燃料电池发动机的功率输出能力基本在 $80\sim100kW$,比国内的 55kW 高出很多,而且具有很高的质量比功率和体积比功率指标。同等功率输出能力的电机具有更高转矩输出能力,约比国内高 $50\sim80Nm$,比例达到 $25\%\sim40\%$,详见上表。

表3.3 国内外燃料电池客车性能对比

	北汽福田	奔驰 Citaro FC	奔驰 Citaro FC-Hybrid	AC Transit FC-Hybrid	Toyota FC-Hybrid
整车整备质量/t	14.2	14.2	13.2	16.3	11.6
0～50km/h 加速时间/s	25.0	20.0	—	—	—
0～40km/h 加速时间/s	—	—	—	—	9.3
最大车速/(km/h)	80	80	—	113	80
氢燃料消耗/(kg/100km)	8.5	20～24	10～14	8.29	9.06
续航里程/km	300	＞200	预计＞250	400	250
燃料电池功率/kW	80	250	120	120	180
氢瓶压力/MPa	35	35	35	35	35
电机驱动形式	单电机集中驱动	单电机集中驱动	两轮边电极驱动	双电机合成驱动	双电机合成驱动
电机总功率/kW	180	205	160	170	160

国内已经开始重视燃料电池堆的耐久性,初步开展了试验室动态寿命试验研究,初步形成了燃料电池衰减机理的认识,相比"十五"规划取得了较大的进步,但是与国际指标相比差距较大。在冷启动方面,燃料电池发动机研制单位初步实现了燃料电池系统低温($-10℃$)储存与启动,与外国 $-30℃$ 的指标也存在很大的差距,详见表3.4。

表 3.4　国内外燃料电池发动机的寿命与环境适应性对比

	国外	国内
低温启动	国外汽车厂商如丰田等已经实现−30℃的低温启动，并在加拿大北部严寒地区进行了实车实验	国内上汽燃料电池发动机实现−10℃低温启动；同济大学新能源汽车工程中心进行了−15℃环境下低温启动的实验
耐久性	燃料电池质子交换膜寿命＞2 万 h；轿车用电堆实验寿命＞5000h；公交车用燃料电池系统寿命＞1.2 万 h	台架稳态测试，寿命约 3000h，车用环境下，寿命 10000h 左右，公交车用燃料电池系统 3000h

3.3　燃料电池系统的输出特性

　　燃料电池的功率输出特性是其最重要的特性，燃料电池系统的输出电压、电流以及电流的变化关系决定着燃料电池的功率输出特性。燃料电池堆由多个燃料电池单体组成，多个单体并联可以增大电池堆的输出电流，而多个单体串联能够增加电池堆的电动势。

　　单体电池的电动势以及输出电流取决于状态参数以及控制参数，本节主要讨论这些参数对单体燃料电池输出电压、电流密度的影响，它们往往用极化曲线来表征，以此来进一步预测燃料电池的性能。典型的极化曲线如图 3.4 所示。

　　极化曲线是表征燃料电池特性的重要指标，它表明了在某一工作条件下燃料电池的电流所对应的输出电压值。对于仿真，极化曲线也是一个极为重要的参数。同时考虑了低温起动过程中，燃料电池性能会随着燃料电池温度变化而变化的情况。

3.3.1　不同温度下的极化曲线

　　燃料电池的操作温度是影响电池性能的一个重要条件，所以在不同温度下绘制的极化曲线有着重要的参考价值。Khalil Benmouiza 等模拟了温度分别为 55℃、90℃时对性能的影响，温度为 55℃时电池电动势约为 0.9V，90℃时则约为 1.0V。Wei Yuan 等利用计算机流体力学软件 Fluent

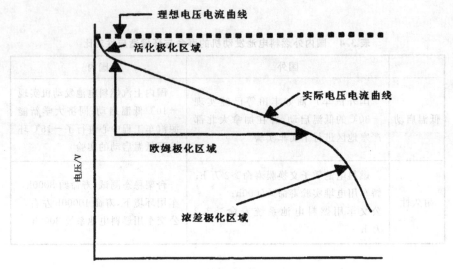

理想电压电流曲线

活化极化区域

实际电压电流曲线

电压/V

欧姆极化区域

浓差极化区域

电流密度/(A/cm²)

图 3.4　燃料电池极化曲线

对 PEM 燃料电池在控制其他参量不变的情况下探究了温度为 60℃、70℃、80℃、90℃时对燃料电池性能的影响,极化曲线和功率曲线如图 3.5 所示。我们可以直观地看出,随着温度的降低,单电池电动势降低,输出电压也会降低。在低电流密度下,温度的增加或减少并不会减少活化极化和欧姆极化对电池所造成的损失,只是使总的输出电压降低。可见温度会影响燃料电池三种极化损失带来的电压降,但并不显著。膜内质子的高扩散率取决于膜的导电性,可以通过增加温度来增加膜内质子的扩散率。此外,在高温下,电化学反应更快,也增加了水的产出量。

3.3.2　不同压力下的极化曲线

从反应动力学角度来说,气体压力对电化学反应影响很大,增加气体压力有利于提升电化学反应的交换电流密度,降低活化过电压;从气体浓度角度来说,增加气体压力,有利于增加反应气体的扩散速度,进而增加两极扩散层与催化层反应界面的反应气体浓度,降低活化和浓差过电压。从理论上讲,膜两侧气体的压力应该是相同的,以减少通过膜的气体扩散,这可能导致氢和氧混合时气体浓度下降甚至爆炸。

Wei Yuan 假设阳极侧与阴极侧具有相同的压力,讨论了工作压力对电池性能的影响。电池温度保持恒定在 70℃,氢气和空气的气体化学计量比

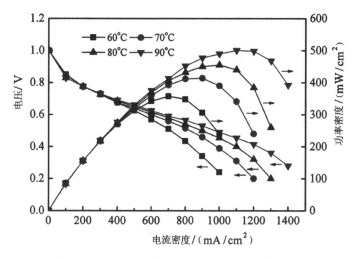

图 3.5 不同温度下电池的极化曲线和功率曲线

是 1.5/2.0,反应物是假定完全湿润($RH^1/_4\ 100\%$)。图 3.6 为运行压力从 0.1MPa 到 0.4MPa 时的一组极化曲线。

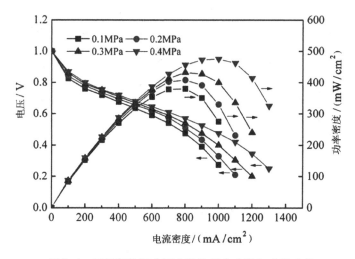

图 3.6 不同气体压力下电池的极化曲线和功率曲线

结果表明,随着操作压力的增加,电池性能得到改善。当压力增大时,总的极化曲线会发生正向变化。这主要是由于从气体扩散层到催化剂层的质量转移的增强,以及有效反应区反应物浓度的增加。

一方面,产生高输出的趋势的原因是较高的压力导致了反应物气体扩散率的增加,从而导致了大量的输运阻力。因此,内部电化学反应的速率迅速提高,并提高了电池的性能。另一方面,随着操作压力的增加,部分压力和反应物气体浓度增加,加快了反应的速率,最终使输出电压升高。

3.3.3 不同计量比的极化曲线

空气化学计量比(实际气体流量与理论气体流量的比值)是影响 PEM 燃料电池性能的重要操作参数。一些研究者利用模型对不同空气化学计量比下电池输出电压和功率进行比较,预测空气化学计量比对电池性能的影响。

一些研究者计算了操作温度为 70℃,操作压力为 0.2MPa,反应物全部加湿,氢化学计量比为 1.5 的条件下空气化学计量比为 1.5、2.0、2.5、3.0 时的一组不同空气化学计量比的极化曲线(图 3.7)。

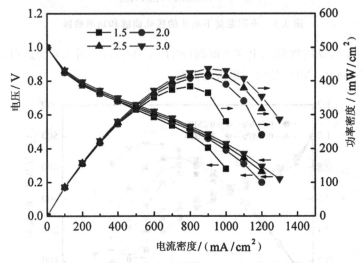

图 3.7 不同空气化学计量比下电池的极化曲线

实验结果表明,随着空气化学计量比从 1.5 增加到 3.0,电池性能得到改善。在低电流密度下,电池的性能变化不大,而在高电流密度下则明显增加。可能的原因是,较高的空气流量会从燃料电池中携带更多的水,并在高电流密度条件下提高氧气的利用率。综上所述,如果增加的氧的可用性抵消了膜脱水的负面影响,那么增加的空气流量有利于提高电池的性能。较高的气流率会导致较高的氧浓度,然后增加反应速率。较高的空气流速有助于去除过量的水,这可能导致阴极的溢流。如果空气增湿效果不佳,第二个因素可能会导致较高的水去除率,并逐渐使膜干燥。

3.3.4　不同湿度下的极化曲线

阳极氢气和阴极空气的加湿度主要通过影响质子交换膜中扩散层与催化层中的含水量来影响电池性能。质子交换膜中含水量直接影响着质子电导率,质子电导率随水含量线性上升,当膜含水量较低时,膜电阻增加进而导致电池性能下降。催化层与扩散层中过多的水蒸气不仅会稀释反应气体浓度,而当其凝结为液态水时,还会堵塞氢气和空气(氧气)的传输路径,发生水淹。特别是阴极,因为阴极不仅有空气加湿带入的水蒸气,阴极电化学反应也会产生水,大电流密度下更容易发生水淹,加剧阴极浓差极化。因此,阳极氢气常常采取饱和加湿,用以提高质子交换膜含水量进而提升其质子电导率;而阴极随着反应的进行产生水,为了防止水淹现象的发生,通常采取部分加湿。

Wei Yuan 等利用计算流体力学软件 Fluent,预测燃料电池阳极氢气 RH_a 分别为 0、50%、100% 情况下和阴极空气 RH_c 分别为 0、50%、100% 时燃料电池输出电压的变化。另外有些研究者在初始仿真参数为两极入口质量流量固定以参考电流密度为 $0.75A/cm^2$ 计算,阳极氢气和阴极空气过量系数均为 2,电堆温度为 345K,操作压力为 3atm 时模拟了反应气体加湿度对电池的稳态性能的影响,为了保证单一变量原则,当仿真研究阴极空气加湿度对电池性能影响时,阳极氢气加湿度固定为 100%,阴极空气加湿度为 100% 和 50%;当仿真研究阳极氢气加湿度对电池性能影响时,阴极空气加湿度固定为 100%,阳极氢气加湿度为 100% 和 50%。

结果表明,阳极加湿对电池性能的影响比阴极加湿有更大的影响,而在适当的空气相对湿度条件下,当氢气被完全湿润时,其性能最好。当电流密度小于 $1.2A/cm^2$ 时,两极气体加湿度越高电池稳态性能越好,即相同电流密度下电池输出电压越高,主要是因为加湿度越高,膜中含水量越大,质子电导率越高,欧姆过电势越低;当电流密度大于 $1.2A/cm^2$ 时,阴极空气加湿度降低电池性能反而更好,主要是因为大电流密度下,阴极较高的加湿度更容易导致水淹,使氧气传输受阻,加剧了浓差极化。

3.3.5　不同结构参数的极化曲线

质子交换膜燃料电池的流场板也叫双极板,它具有支撑电极、收集电流、导通气体、排水的作用。它对材料的要求很严格:必须具有良好的气密性,保证气体不能通过流场渗透;应具有收集电流作用,是良好的导电体;因

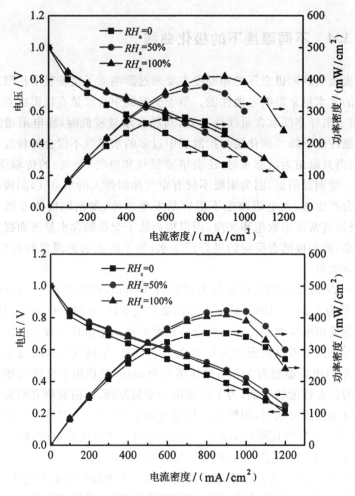

图 3.8　不同阳极和阴极气体湿度下的极化曲线

电池的工作环境具有弱酸性,因此双极板必须具有耐腐蚀性;应能够均匀的
分配气体,使气体在板两侧都有气体通过。最初,质子交换膜燃料电池上双
极板多采用石墨制成,它具有密度小、耐腐蚀、抗氧化的优点。但由于石墨
双极板的脆性而不能做得很薄,从而限制了进一步减少电池组的重量和体
积的可能性,对气体也有一定的渗透,如今主要使用的流场板一般是由石墨
经过填充加强纤维或浸渍聚合物等工艺来增加强度和减少渗透性之后制造
而成。与传统的石墨材料相比,金属具有很多优点,如坚固耐用、机械加工
性能好,导电、热性好,金属双极板厚度小可减小电池体积等,有利于制造比
能量高的燃料电池,因此金属双极板的开发和制造也得到了广泛的重视,成
为各国发展的重点。但是金属的密度相对较高,而且以金属作为双极板的

材料,其本身也有缺点:金属被腐蚀后释放出金属离子与 PEMFC 中的质子交换,增加了传质的阻力,从而影响电池性能。目前解决上述问题的关键是金属的表面改性,通过改性可防止轻微腐蚀的产生,主要思路是以普通金属或合金为基体,通过离子体溅射等手段在金属表面增加一抗氧化、耐腐蚀的导电涂层。

双极板上流场的功能是引导气体流动,分配气体,保证膜电极上有均匀的气体,气体通过扩散层到达电极催化层发生反应。传统的流场型式有:点状、平行沟槽、网状、多孔体、单蛇形流场、多蛇形流场、交指状流场等,早期的流场板形式比较简单,容易形成短路现象,目前质子交换膜燃料电池主要采用平行流场板和蛇形流场,两者的深度与流道的总长度和允许反应气总压降有关,一般在 0.5~1mm 之间,流道的宽度一般为 1mm,同时脊的宽度为流道宽度的 1.2~2 倍左右。另外,新型流场板也很多,交指状流场是近年才发展起来的新型流场,它具有能够将反应生成的水有效排出的优点,也得到了广泛认可,成为目前的研究热点。不过它在气体均匀分配和减少流场压力降的问题上需要进行改进。

流场板的作用对电池的性能影响很大,它起到分配反应气体的作用,同时具有一定的排水排热功能。目前已开发出点状、网状、多孔体、直通道、蛇形和交指状流场等传统流场板。

质子交换膜燃料电池的传统流场形式各有优缺点。至今质子交换膜燃料电池广泛采用的流场以直通道流场和蛇型流场为主。蛇形流场可以通过改变沟和脊的宽度比、通道的多少和蛇形沟槽总长度来调整反应气体在流场中流动的线速度,提高电池性能。对于直通道流场,一般采用改变沟与脊的宽度比和通道的长度,来改变流经流场沟槽反应气体的线速度,从而提高电池性能。

为了探究不同流板形式对燃料电池性能的影响,一些研究者建立 CFD 仿真模型,控制其他参数不变的情况下分别对蛇形流板和平行流板两种流板形式进行性能的研究,绘制出的极化曲线如图 3.9 所示。

从图中可以看出在低电流密度下,采用平行流板形式比采用蛇形流板的性能略高,但是随着电流密度的增加,平行流板形式的燃料电池的性能迅速下降,即其欧姆极化较为严重,而采用蛇形流板的燃料电池则在高电流密度下的性能更优。目前市场上更多的采用蛇形流板,直流板、平行流板等传统流板形式逐渐无法满足当今燃料电池的需求。

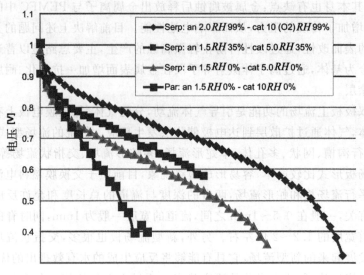

图 3.9 极板参数对计划特性的影响

3.4 燃料电池动力系统匹配及优化

3.4.1 燃料电池动力系统组成原理

1. 电机驱动系统

在燃料电池电动汽车中,驱动电机是动力的唯一来源,在整车中有着至关重要的作用。它的主要作用是高效率地将燃料电池和蓄能器中的能量转化为机械能来满足车辆在行驶过程中所需要的负载要求,在制动或减速的过程中还可以通过电机的发电功能回收能量储存在蓄能器中。

驱动电机是燃料电池电动汽车的唯一动力输出源,必然对它有一定的要求,要求高低取决于燃料电池汽车所需达到的性能指标:最大所能达到的车速,在一定车速下的最大爬坡度以及零至百公里的加速时间。同时,对燃料电池汽车驱动电机的要求主要有低成本,便于后期维修,高功率,体积小,质量轻,可靠性高,良好的可控性和稳定性。因此,在选择驱动电机时不仅要考虑它的类型,还要把它放在整车系统中综合进行匹配,以期达到最终的目标。

2. 能量存储系统

燃料电池存在动态响应慢,启动和加速的过程中不能很好的达到行驶要求,并且纯燃料电池汽车的行驶里程会受到很大的限制。增加的蓄能系统可以吸收制动或减速过程中产生的能量,提高能源利用率,提高整车的经济性能。

燃料电池汽车的辅助动力源必须具备以下几种明显特征:具有较高的能量密度确保一次充电有较长的续航里程,并且能为制动能量的回收提供足够容量;具备较高的功率密度,能够弥补燃料电池动态响应慢的不足,实现汽车启动加速的正常化;要具有安全可靠耐久性,服役年限长,低成本,环境污染小等优点。

3. DC-DC 变换器

在混合动力汽车中,DC-DC 变换器主要用来将混合动力汽车总线中变化的电压转化为符合要求的电压给负载供电。由于燃料电池混合动力汽车(FCEV)的燃料电池发动机输出特性较软,随着负载加大,燃料电池的电压下降的速度较快,而且受温度的影响较大,不能直接与驱动系统连接,会给控制系统增加难度,所以燃料电池和电动机之间需要添加一个 DC-DC 变换器,保证燃料电池输出电压始终符合负载要求。变换器有三种类型,如图 3-10 所示。

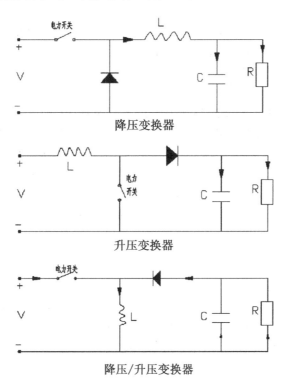

图 3.10　三种形式的变换器

3.4.2 燃料电池动力系统优化

对于燃料电池混合驱动系统而言,其动力系统需要合理匹配以达到最大的功率输出的目的,在保证动力性和相关技术性能基础上,在满足运行工况的前提下,合理分配燃料电池、蓄电池的能源供给,使整车系统效率达到较高的水平,降低氢气消耗,增加汽车的续航里程。

与一般动力蓄电池相比,PEMFC 的输出特性较软,即当承担的负载功率增大时,PEMFC 输出电压下降的斜率要远大于一般动力蓄电池。当出现负载波动的情况时,PEMFC 输出电压的波动要比一般动力蓄电池的输出电压的波动大很多。而对于 PEMFC 来说,负载频繁波动会使其系统效率降低许多,进而减少其使用寿命。因此需要为 FCEV 配备辅助能源,一方面辅助能源的应用可以降低 PEMFC 的峰值功率,大大地减小 PEMFC 输出电压的波动,提高 PEMFC 的使用寿命及系统整体效率;另一方面辅助能源能够解决 PEMFC 只能发电不能回收制动能量的缺陷,进一步提高能量利用效率。

在 FCEV 上的辅助能源一般有动力蓄电池组和超级电容这两类。与动力蓄电池组相比,超级电容能量存储较少且价格昂贵,不宜在 FCEV 中得到广泛应用。因此本文中设计的 FCEV 的能源系统是由 PEMFC 与动力蓄电池构成的。

本文中 FCEV 的能源与动力系统主要包括 PEMFC、动力蓄电池组、DC-DC 变换器、电机控制器、驱动电机、变速器和车轮。根据 PEMFC、动力蓄电池组和 DC-DC 变换器之间不同的布置方式,可以将 FCEV 的动力系统结构分成两类:直接燃料电池混合动力系统和间接燃料电池混合动力系统。其中前者的特征是 PEMFC 直接与系统总线连接;而后者的特征是 PEMFC 和系统总线之间要有 DC-DC 变换器过渡。

1. 直接燃料电池混合动力系统

该系统结构中没有 DC-DC 变换器,PEMFC 与动力蓄电池都直接并入总线。这种结构对 PEMFC 和动力蓄电池的电压输出要求较高,要求时刻处于同一等级上,但是考虑到 PEMFC 与动力蓄电池的输出电压在正常使用中会产生明显的差异,很难协调工作,会使能源系统的输出很不稳定,不能满足 FCEV 的动力要求,所以这种结构基本没有得到应用。

图 3.11 所示的结构中,动力蓄电池与系统总线之间连接了一个双向 DC-DC 变换器。这样的结构可以使动力蓄电池的电压等级降低,利用电压变换器升压后和 PEMFC 一起并入总线,因此能够减小动力蓄电池的体积

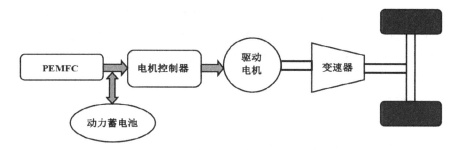

图 3.11　直接燃料电池混合动力系统

与重量。在这种结构中系统控制器控制的是电压变换器的输出,因此可以直接让动力蓄电池工作在高效率状态,对其实现保护。

这种结构的缺点在于 PEMFC 为间接控制量,不利于对 PEMFC 的保护利用。PEMFC 的输出电压直接加在电机两端,要求其输出电压与电机驱动电压相匹配,这对燃料电池系统本身规格参数及控制策略带来挑战。为了保证动力蓄电池能够及时补偿 PEMFC 的瞬时大功率需求,还要求 DC-DC 变换器响应迅速、鲁棒性强。倘若 DC-DC 变换器的性能不佳,电机在电动状态时,动力蓄电池不能及时补偿 PEMFC 的输出,则会影响整车的动力性能;若当电机回馈制动时,动力蓄电池不能及时吸收制动能量,制动过程中产生的反向电压加在 PEMFC 两端,对燃料电池不利。

2. 间接燃料电池混合动力系统

图 3.12 为一种典型的间接燃料电池混合动力系统结构。PEMFC 通过一个单向 DC-DC 变换器并入总线,PEMFC 的端电压就可以通过 DC-DC 变换器的升压与母线电压等级进行匹配,从而使 PEMFC 的功率输出与系统直流母线的电压之间不再有耦合关系;驱动电机与动力蓄电池组直接连接,而不必经过其他部件,提高了充放电效率;同时 DC-DC 变换器也可将直流母线的电压维持在最适宜电机系统工作的电压点,提高系统效率。

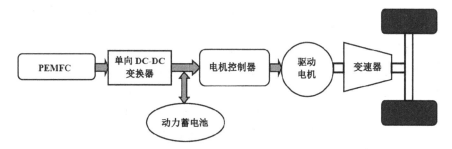

图 3.12　间接燃料电池混合动力系统结构

间接燃料电池混合动力系统通过单向 DC-DC 变换器控制 PEMFC 功率输出,这样可以确保 PEMFC 工作更加平稳,其输出波动较小。另外,采用间接连接结构形式可以减小 PEMFC 的设计功率,进而降低 FCEV 的制造成本,毕竟目前 PEMFC 制造成本大大高于动力电池系统和超级电容系统制造成本。

3.5 燃料电池动力系统的发展趋势

3.5.1 功率密度和可靠性不断提高

随着研究的不断进展,燃料电池的功率密度不断提高,由于汽车内部空间和承载能力的局限,对车用燃料电池发动机的尺寸有严格要求,因此燃料电池制造商都在设法提高燃料电池的功率密度。加拿大巴拉德公司从 1989—2001 年将燃料电池堆体积功率密度提高了 25 倍,2003 年研制的燃料电池发动机 XcellsisHY80 采用 902 堆,最大输出功率为 68kW,体积为 220L,质量为 220kg,体积和质量功率密度分别为 309W/L 和 309W/kg,已经基本达到美国能源部 FreedomCAR 计划中提出的目标。目前燃料电池的功率密度还在不断提高。

据戴姆勒-克莱斯勒公司对 NECAR4 型燃料电池轿车的测试,燃料电池电堆的能量转换效率为 62%。如果除去燃料电池发动机辅助系统的能耗(占 16.4%)和电机及其驱动系统的能耗(占 8.1%),从"油箱到车轮"的效率为 37.7%,远高于汽油发动机汽车 16%～18% 和柴油机汽车 20%～24% 的转换效率。若考虑"从矿井到车轮"的总体效率,据丰田汽车公司的研究,天然气制氢的效率(从矿井到油箱)为 58%,而将原油提炼成汽油的效率高达 88%。因此,燃料电池混合动力汽车"油井到车轮"的总效率为 29%,汽油机混合动力汽车普锐斯的总效率为 28%。该项研究指出,燃料电池汽车的能量转换总效率将来有望提高到 42%。

另外燃料电池汽车故障率大幅降低使得可靠性也相应提高。2002 年 5 月,据戴姆勒-克莱斯勒公司的 NECAR5 型燃料电池轿车试验运行横穿美国,从旧金山到华盛顿,行程 5220km,平均车速 112km/h,全程仅发生过 1 次冷却水管小故障。2004 年,通用汽车公司的燃料电池汽车纵贯欧洲大陆,行程 9696km。目前,美国快递公司已经开始使用通用汽车公司的燃料电池汽车开展包裹快递服务。

3.5.2　燃料电池寿命不断增长

燃料电池寿命是制约燃料电池汽车商业化的主要影响因素。影响燃料电池寿命的因素很多,从电极材料到电堆结构,从燃料电池系统到燃料电池汽车动力系统,最后到燃料电池整车,每个方面的设计合理性都直接影响着燃料电池的最终寿命。国外下一代主流技术的研究重点主要包括以下诸多方面:

(1)电极材料层次:催化剂活性的变化,膜的质子传导能力的变化。

(2)电堆结构层次:散热,内阻,气体扩散,水汽交换等能力。

(3)燃料电池系统:空气再循环技术,稳定工况控制,启停机策略等。

(4)燃料电池动力系统:动力系统构型设计与优化,车辆动力性指标确定,DC/DC 的控制逻辑,动力电池匹配等。

在燃料电池发动机可靠性、寿命方面,国外燃料电池电堆 2010 年寿命水平比 2003 年提高两倍,其中燃料电池质子交换膜已经超过 7300h(采用美国 3M 公司的 MEA),电堆实验室寿命提高到 5000h 以上,安全性和可靠性水平基本达到了传统内燃机汽车同等水平。在整车可靠性和寿命方面,其性能已经基本满足整车产品需求。戴姆勒奔驰汽车开发的 F-Cell 系列样车已经进行了总共超过 450 万公里的路试。美国 UTC 公司通过改进燃料电池系统控制策略,规避或减缓由启停、动态加载、低载怠速、零下储存与启动等过程导致的燃料电池寿命衰减,其与 AC Transit 运输公司合作在加州奥克兰市开展燃料电池汽车示范运行,截至 2010 年 6 月底,其 120kW 的燃料电池系统(Pure Motion Model 120)在没有更换任何部件情况下运行了 7000h,远远超过了美国能源部制定的 2015 年 5000h 寿命目标。相比国外,我国燃料电池汽车虽然经受住了北京奥运会、美国加州示范运行和上海世博会等大型国际活动的高温、高强度示范运行考验,但燃料电池电堆及关键部件寿命仍然无法满足整车产品寿命要求,低压燃料电池单堆动态循环工况试验运行时间仅突破 1500h,预测寿命亦仅 2000h。

3.5.3　燃料电池系统成本下降

在燃料电池发动机成本控制关键技术研究方面,国外一方面研究低铂燃料电池技术,减少催化剂用量,另一方面研究催化剂抗毒性,降低其运行成本,同时还开发非铂催化剂来代替贵重金属 Pt。在低铂燃料电池技术方面,目前国外已经研制低铂用量燃料电池电堆。通用公司通过采用核壳型合金催化剂、有序化 MEA 等技术,不但提高了燃料电池性能,而且 Pt 用量也得到了大幅度降低,单台燃料电池发动机中贵金属催化剂 Pt 的用量从上一代的 80g 降低到 30g。丰田公司开发的燃料电池电堆 Pt 用量也降低到原来的 30%。催化剂抗毒性已经成为国际研究热点,国外科研机构试图通过提高催化剂抗毒性,使燃料电池可以直接利用粗氢发电,从而降低其运行成本。在非铂燃料电池技术方面,国际积极开发其他类型如碱性聚合物膜燃料电池,实现催化剂材料非 Pt 化,从而降低燃料电池发动机成本。2010年 4 月,美国洛斯阿拉莫斯国家实验室宣布,该研究机构已经开发出由 C、Fe、Co 组成的催化剂,其成本非常低,而其性能可以和铂基燃料电池电堆最高水平相比,且在遏制 H_2O_2 产生等方面明显优于铂基燃料电池电堆。一系列研究成果直接推动燃料电池汽车成本降低,据美国 DOE 估计,燃料电池系统成本已由 2002 年的 275 美元/kW 降低至 2009 年的 62 美元/kW(按 50 万套产量测算)。此外,随着新研制非铂催化剂大量使用,燃料电池汽车成本还将进一步降低。我国于"十一五"末期已经开始开展燃料电池汽车成本控制研究,受限于燃料电池发动机和氢气存储系统成本,燃料电池轿车成本仍然很高。

随着下一代技术的不断发展,按照美国国家燃料电池公共汽车计划,2015 年,美国燃料电池公共汽车的使用寿命为 2 万~3 万 h,车辆的性能达到传统柴油客车的水平,实现每天 19h 的运行和出勤率,故障间隔里程大于6400km。而日本丰田公司的燃料电池汽车的寿命为 25 年,达到内燃机汽车的同等水平。

图 3.13 为美国能源部(DOE)所属 Argonne 国家实验室估计的燃料电池系统(轿车)的成本模型,2017 年燃料电池系统的成本下降到 30USD/kW(按照年产量 50 万台的大批量生产折算),达到和内燃机成本同样的水平。

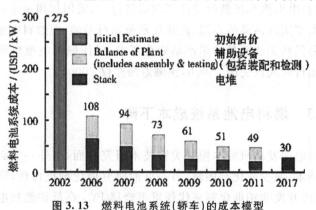

图 3.13　燃料电池系统(轿车)的成本模型

图 3.14 是 2011 年燃料电池系统中各个零部件的成本比例。整个燃料电池系统的成本中,电堆占总成本的一半;而电堆的总成本中,膜电极(membrane eletrode assembly,MEA)的成本占一半(包括 36% 催化剂和 12% 膜),膜电极的主要成本是催化剂(铂等贵金属,37%)。由此可见,电堆中最主要的成本来源于与膜电极相关的原材料的成本。持续的原材料研究与开发,是实现电堆成本控制的重要方式。

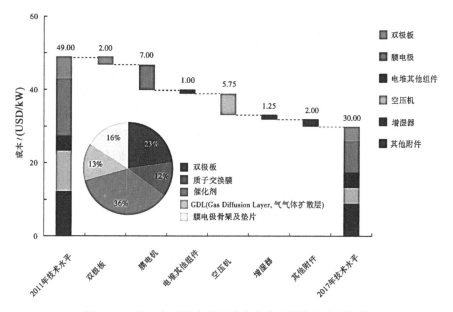

图 3.14 2011 年燃料电池系统中各个零部件的成本比例

除了通过燃料电池原材料的持续研究实现成本控制,简化和集成燃料电池系统的研究也是降低成本的重要途径。国外最先进的技术是实现空压机及其控制器的一体化,DC/DC 等电力电子器件的一体化;同时,简化系统零部件,去掉增湿器,消减传感器;在确保系统稳定的情况下,降低系统成本,降低系统故障率。

车用燃料电池系统的另外一个重要成本因素是高压储氢气瓶及电磁阀的成本。随着燃料电池电堆的成本下降,高压气瓶及电磁阀的相对成本明显提高,丰田通过先进的碳纤维缠绕复合瓶的研制,大幅度降低 70MPa 气瓶的成本,实现了储氢系统的低成本。

3.6　本章小结

　　本章概述了燃料电池动力系统各组件以及其核心组件——燃料电池系统,燃料电池系统主要包括燃料电池堆、氢气系统、空气系统、冷却系统、增湿系统和功率输出及控制系统。根据燃料的不同对燃料电池作出分类并分析各种燃料电池的优缺点及适用场合。之后概述了燃料电池汽车相关技术在国际范围内,如北美、欧洲和日韩等经济发达地区的历史及发展,介绍了我国在该领域的发展概况、发展前景和应用情况,并与前者作出对比。

　　研究了不同状态参量对燃料电池系统输出特性的影响,分析了不同温度、操作压力、空气化学计量比和气体湿度这几个主要影响参数对燃料电池系统输出压力以及输出功率的影响,并作出极化曲线和相应的功率曲线,得出结论:提高温度、压力、湿度均会提高燃料电池性能,通过提高空气化学计量比,在低电流密度下,电池的性能变化不大,而在高电流密度下则明显增加。

　　对比分析了几种动力系统匹配方案的优缺点,概述了燃料电池领域的发展趋势和前景,主要在于延长燃料电池自身的寿命,包括各个组件能持续保持活性的时间,还有降低燃料电池系统的成本,这样才能使燃料电池更快速地市场化。

第4章　油电混合动力系统

油电混合动力系统是指包含传统燃油内燃机和动力电池动力系统两种动力单元的动力系统。根据车辆使用工况,可以采用动力电池动力系统单独输出功率或者双系统共同输出功率的形式,既满足节能和减排的需求,同时兼顾动力性和续航里程。油电混合动力系统被很多专家认为是能够更快进入家庭的新型能源车用动力。

4.1　油电混合动力系统概述

混合动力汽车均包含两种及两种以上的动力单元,其中至少有一种能够部分或全部提供车辆的功率需求。广义上的混合动力汽车多指多种动力单元的混合。内燃机可以使用汽油或柴油,或者天然气、丙烷、乙醇、氢气、生物燃料等其他代用燃料,电动系统则可能是动力电池动力系统或燃料电池动力系统以及超级电容等。本书所述的油电混合动力系统专指以汽油、柴油为燃料的传统内燃机和动力电池动力单元组成的混合动力系统。

油电混合动力系统兼有传统燃料内燃机动力性好、反应快和工作时间长的优点,又有动力电池系统无污染和低噪声的优势。较传统内燃机和纯电动力,油电混合动力系统增加了动力系统部件的种类和组合方式,并根据使用工况对部件的工作方式进行了优化组合,使各部件尤其是作为主动力源的发动机能够在最优工况下工作,提高了燃油的经济性。

油电混合动力系统主要通过限制发动机怠速、降低发动机排量、提高发动机效率及发动机附件的工作效率等措施提高车辆的燃油经济性。

1. 限制发动机怠速

发动机平均约有 20% 的时间处于怠速状态,当发动机处于怠速或车辆减速时将其关闭能降低大约 5%～8% 的燃油消耗。相比于传统的起动电机,轻混和微混混合动力汽车采用的大功率电动机能快速起动发动机,3～5kW 的电机可以在 0.5s 内将发动机拖动到正常怠速转速之上,可以降低油耗,减少燃料的不完全燃烧及由此引起的 HC 排放;强混混合动力汽车起步时可以采用纯电动行驶模式。因此,混合动力汽车与传统汽车相比,不仅降低了油耗,而且减少了由于怠速时可燃混合气不完全燃烧而产生的尾气排放。

2.降低发动机排量

车辆行驶时并不总是需要发动机提供峰值功率,且需要一定的后备功率用于加速和爬坡的需要。在混合动力系统中,电动机能为发动机提供功率辅助,使降低发动机排量的同时不影响车辆的动力性。在相同的负荷下,排量小的发动机摩擦损失、热损失和泵气损失都比较小。

3.提高发动机的工作效率

发动机在低负荷时效率很低,采用混合动力系统可以使发动机尽量工作在高效区,电机能在低速和低负荷时提供助力,使发动机在停车、怠速等工作效率较低的情况下关闭,减少油耗和降低排放。车辆在高速行驶时,由于电机的高转矩特性使发动机在转速较低、效率较高时仍能维持足够的加速度,电机助力也可减少发动机的瞬态工况。电机和变速器的优化匹配使发动机可以运行于高效的工况区域。电机的助力便于在进行发动机设计时采用一些革新技术。

4.提高发动机附件的工作效率

采用电机驱动发动机附件可以使其相对于发动机独立地工作。传统车辆的电器附件最高电压只有14V,电路系统的损耗较大,导线的成本也较高。而混合动力系统则采用高压电,可以减少能量损失,提高车辆的燃油经济性。

4.2 油电混合动力系统组成及分类

4.2.1 油电混合动力系统组成原理

油电混合动力系统通常由内燃机、发电机、电动机、储能装置、功率转换装置和控制装置等组成,如图 4.1 所示。

1.内燃机

传统内燃机是现今汽车最主要的动力装置,也是油电混合动力系统的重要组成部分。但传统内燃机在混合动力汽车中的工作特点和模式与传统汽车有显著不同,混合动力汽车中的发动机需较长时间以在最优经济区运转,功率输出相对稳定。由于工作区域较为狭小,有可能对部分区域进行更好的优化。

油电混合动力系统的内燃机可以采用往复活塞式内燃机、转子发动机、燃气轮机和斯特林发动机等。采用米勒循环和阿特金森循环的往复活塞式内燃机可以实现更高的膨胀比,因而得到了广泛的应用。

2.发电机/电动机

混合动力系统的发电机同时也是电动机。发动机运转的过程中带动发电机发电,为电池充电;在车辆加速或爬坡时,直接参与部分车辆的驱动,为车辆提供辅助动力;在车辆制动时,由电动机切换为发电机,提高制动效能的同时,回收了部分能量,转化为电能储存在电池中。

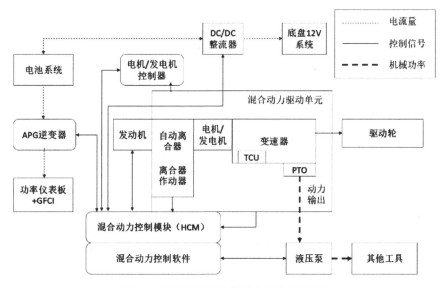

图 4.1　伊顿多用途油电混合动力系统组成

3.驱动电机

驱动电机用于纯电动驱动、混合驱动和制动能量回收的过程。可以用作驱动电机的有交流异步电动机、永磁电动机和开关磁阻电动机等多种类型的电机。目前使用较广泛的是异步电动机和永磁电动机,开关磁阻电动机也逐渐得到重视。

4.储能装置

储能装置是电机驱动、制动能量回收、发电机发电时的电能存储单元。储能装置有动力电池、超级电容、燃料电池或者多种储能单元的复合装置等。

5.电动附件

电动附件有水泵、油泵、制动系统、电动助力转向系统等。电动附件通过接收驾驶员的控制输入,发出控制信号,通过车载计算机的中央控制器和各个部分的控制模块向驱动系统中内燃机、电机、离合器、变速器发出指令,获得不同的驱动形式。同时,整车的传感器系统采集车辆信号,为控制系统提供反馈信号。

4.2.2 油电混合动力系统分类

油电混合动力系统可以按照多种方式分类,最常见的分类方法是根据驱动连接方式以及混合程度的不同分类。

1. 按照驱动连接方式的不同分类

按驱动系统连接方式的不同,油电混合动力系统可以分为串联式、并联式、混联式和复合式四种驱动结构。

(1)串联式油电混合系统。串联式油电混合动力系统结构如图4.2所示,其关键特征是在功率变换器中两个电功率被加在一起。该功率变换器起电功率耦合器的作用,控制从蓄电池组和发电机到电动机的功率流,或反向控制从电动机到蓄电池组的功率流。燃油箱、发动机和发电机组成基本能源,而蓄电池组则起能量缓冲器的作用。

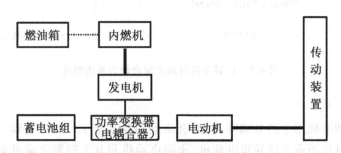

图4.2 串联式油电混合动力系统

在这种混合动力结构中,可将内燃机和发电机看作一个系统,称为辅助动力单元,它的作用就是发电。根据所采用的控制策略,辅助动力单元发出的电能不仅可给蓄电池充电,也可以直接驱动电动机转动。串联式混合动力汽车中,变速箱是一个可选的设备,因为发动机和车轮之间没有直接的连接,发动机可以运行在期望的扭矩和速度点上,而不用考虑汽车的运行状况。这种动力系统在城市公交车上使用较多,可以很好地改善城市工况中车辆的燃油经济性和排放。

增程式电动汽车(Extended-Range Electric Vehicle,EREV)就是根据这种结构原理进行开发的。

采用串联式油电混合动力系统的串联式混合动力汽车具有排放污染小、驱动形式多样、布置方便等优点。

串联式混合动力汽车以动力电池组内的电能为基本能源来驱动。串联式混合动力汽车采用纯电动驱动时关闭发动机,只以电池组电力来驱动汽车,实现"零排放"行驶。发动机—发电机组成的辅助动力单元所发出的电能向动力电池组进行充电,发动机独立工作在高效率区域用于补充动力电池组的电能或直接供给驱动电机,延长行驶里程,减少有害气体的排放。

串联式油电混合动力系统的驱动系统有电动机驱动系统和轮毂电机驱动系统。还可以根据分布方式的不同,分为前轮驱动、后轮驱动、四轮驱动等多种驱动形式。

串联式油电混合动力系统只有驱动电动机的电力驱动系统,其特点更加趋近于纯电动系统。因为驱动电动机与发电单元没有机械连接,因而布置起来更容易。

串联式混合动力系统有如下几种缺点:

①对驱动电动机、发电单元和电池的要求高。在串联式混合动力汽车上,驱动电动机的功率需要满足汽车在行驶中的最大功率需求,因此驱动电动机的功率要求较大,使得电动机的体积和质量都较大。由于需求功率的要求,动力电池组的容量要大。需要安装一个大功率发动机—发电机组,外型尺寸和质量较大,在中小型串联式混合动力汽车中布置有一定的困难,所以串联式混合动力汽车驱动系统较适合在大型客车上采用。

②能量转换效率较低。串联式混合动力驱动系统能量通过热能—电能—机械能转换,能量损失较大。

③对动力电池工作性能要求更高。为了保护电池获得更好的电池性能和寿命,要根据动力电池荷电状态的变化,自动启动或关闭发动机—发电机,以避免动力电池过度放电,发动机—发电机与动力电池之间的搭配更严格。

(2)并联式油电混合动力系统。并联式油电混合动力系统结构如图4.3所示,其关键特征是在机械耦合器中两个机械功率被加在一起。发动机是基本能源设备,而蓄电池组和电动机驱动装置则组成能量缓冲器。此时,功率流仅受动力装置—发动机和电动机所控制。

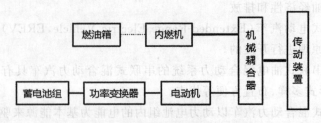

图 4.3　并联式油电混合动力系统

　　并联式油电混合动力系统的能量路径有两种,分别与驱动系统对应,即内燃机驱动系统和电机驱动系统。两套驱动系统可以根据车辆的需求功率进行混合驱动,也可以单独进行驱动。并联式混合动力系统连接方式简单,更接近于传统动力系统,只需要增加一套电驱动系统,可以降低成本。

　　并联式油电混合动力系统采用发动机和电动机两套独立的驱动系统。并联式结构根据发动机数量和布置、变速器类型、部件数量(如离合器、变速器数量)和位置关系(如电动机和离合器的位置关系)的不同,具有多种不同的类型。

　　根据输出轴的结构不同可以划分为两种形式,即单轴式和双轴式。

　　①单轴式并联油电混合动力系统。发动机通过主传动轴与变速器相连,电动机的转矩通过齿轮与内燃机的转矩在变速器前进行复合,这种形式称为转矩复合。在单轴式结构中,发动机、电动机和变速器输入轴之间的转速成一定比例关系。单轴式并联混合动力系统结构如图 4.4 所示。

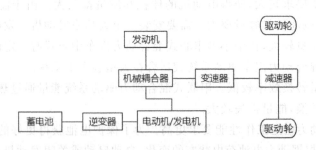

图 4.4　单轴式并联油电混合动力系统

　　②双轴式并联油电混合动力系统。双轴式并联油电混合动力系统可以含有两套机械变速器,发动机和电动机各自与一套变速器相连,然后通过齿轮系进行复合。在这种复杂的结构中,可以通过调节变速比来调节发动机、电动机之间的关系,使发动机的工况调节更加灵活。双轴式并联混合动力系统结构如图 4.5 所示。

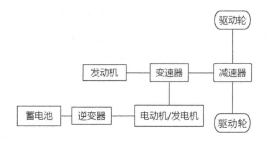

图 4.5　双轴式并联油电混合动力系统

当采用行星齿轮机构作为动力耦合机构时,由于行星齿轮机构有两个自由度,可以实现根据两个输入部件的转速复合确定输出轴的转速,而各部件间的转矩保持一定的比例关系,这种功率复合形式称为转速复合。

使用并联式油电混合动力系统的并联式混合动力汽车具有众多优点,如并联混合汽车在高速路况和市区路况时,在燃油经济性和排放性上表现优越。发动机与驱动轴直接相连,可直接进行动力输出,能量利用率较之串联式混合动力驱动系统要高。两套动力源彼此独立,因而能选取小功率的发动机和电动机以及蓄电池,有利于降低成本,系统中电动机也可兼起动机用,缩短起动时间。

但使用并联式油电混合动力系统的并联式混合动力汽车,由于发动机、电动机与驱动轴之间同时机械耦合,并联式混合动力驱动系统的控制明显要比串联式复杂,且具有发动机难以像串联式那样控制在高效率低排放工况点附近工作,污染物排放性能较之串联式要差等缺点。

(3)混联式油电混合动力系统。混联式油电混合动力系统结构如图 4.6 所示,其结构的明显特征是使用了两个功率耦合器——机械的和电气的耦合器。

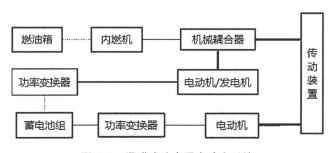

图 4.6　混联式油电混合动力系统

实际上,这一构造是串联式和并联式结构的组合,它具有两者的主要特性,并且相比于串联式或并联式的单一结构,拥有更多的运行模式。从另一方面来说，它的结构相对地更为复杂，且多半成本较高。

混联式油电混合动力系统的一般控制策略是：在车速较低时，汽车主要工作在串联模式下，从而使发动机不受低车速的影响，仍旧可以工作在经济区域内；当汽车稳定运行在高速的工况时，主要工作在并联模式下，减少能量转换，提高整体效率。

因此，混联式油电混合动力系统能够很好地实现串、并联两种形式的优点，且其发动机的运行工况可以一直不受汽车工况的影响，要么处于关闭状态，要么就一直运行在经济高效的工作区域内，这样汽车就可以一直实现好的经济性和排放性。但由于整车的结构复杂，设计、制造困难，同时工作模式的复杂也造成控制策略更为复杂，控制器开发困难，成本更高。

采用混联式油电混合动力系统的混联式混合动力汽车具有众多优点，与串联式混合动力汽车相比动力系统更小、成本更低。混联式混合动力汽车是在并联式混合动力汽车的基础上，增加电动机/发电机或驱动电机，因此混联式混合动力汽车由三个动力总成组成，三个动力总成以 50%～100% 的功率驱动车辆，但比串联式混合动力汽车动力总成的功率、质量和体积都要小。多种工作模式可获得更好的性能，混联式混合动力包含串联和并联驱动多种工作模式可以选择，其发动机的工作状态在多变的工况中都可以选择最优的模式。发动机参与驱动减少能量转换损失。发动机驱动模式是混联式混合动力汽车的基本模式之一，从发动机到车轮之间的动力传递过程中，除了摩擦损失外，没有机械能—电能—机械能的转换过程，能量转换的综合效率较高。纯电动行驶降低排放，纯电动模式也是混联式混合动力汽车的基本模式之一，可以实现汽车的零排放。

采用混联式油电混合动力系统的混联式混合动力汽车具有如上众多优点的同时，也存在一定的缺点，如发动机参与驱动，在特殊工况下排放比串联式混合动力汽车差，混联式混合动力汽车的动力性能更接近于内燃机汽车，发动机的工况会受串联式混合动力汽车行驶工况的影响，发动机有害气体的排放比串联式混合动力汽车高。混联式混合动力汽车的多能源动力系统的结构复杂，总布置也更加的困难。混联式混合动力汽车有多种不同的多能源动力的匹配和组合形式，需要装配一个复杂的多能源动力总成控制系统，才能达到高的经济性和"超低排放"的控制目标。

（4）复合式油电混合动力系统。复合式油电混合动力系统结构如图4.7所示，具有与混联式相似的结构。唯一的差异在于电耦合功能由功率变换器转移到蓄电池组，并且在电动机/发电机组和蓄电池组之间加入一个功率变换器。这种混合动力系统采用四轮驱动，前驱可以采用串联、并联或者混联结构，在后轮驱动轴上增加一套电动机驱动系统或轮边驱动电机系统。驱动时可以由后轮驱动电机提供额外的驱动力；制动时由电机进行制动能量回收。丰田汽车公司的 Estima 混合动力汽车前轮驱动采用丰田混合动力驱动系统 THS,后轮增加了驱动电机。

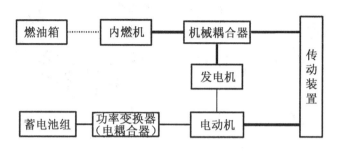

图 4.7　复合式油电混合动力系统

2. 按照混合程度分类

在混合动力系统中,根据混合度的不同,即电机的输出功率在整个系统输出功率中占的比重不同,混合动力系统还可以分为微混合动力系统、轻混合动力系统、中混合动力系统、完全混合动力系统和插电混合动力系统五种类型,它们的电力/燃油所占比例如图 4.8 所示。

(1)微混合动力系统。微混合动力系统一般是指皮带驱动起动电机(Belt-driven Starter Generator,BSG)系统的混合动力,即在传统发动机上的起动机(一般为 12V)上加装了皮带驱动起动机。该电机为发电机—起动机(Stop-Start)一体式电机,用来控制发动机的起动和停止,从而取消了发动机的怠速,降低了油耗和排放。从严格意义上说,微混合动力系统的汽车不属于真正的混合动力汽车,因为它的电机并没有为汽车行驶提供持续的动力。

在微混合动力系统里,电机的电压通常有两种:12V 和 42V,保留了传统汽车上的 12V 起动电动机,以保证电池电量过低时发动机能正常起动,其中 42V 主要用于柴油混合动力系统。微混合动力系统代表的车型是PSA 公司的混合动力版 C3 和丰田公司的混合动力版 Vitz。

(2)轻混合动力系统。轻混合动力系统采用了电动机—发电机一体化(Integrated Starter Generator,ISG)。与微混合动力系统相比,轻混合动力系统除了能够实现用发电机控制发动机的起动和停止外,还能够实现:

①在减速和制动工况下,对部分能量进行吸收。

②在行驶过程中,发动机等速运转,发动机产生的能量可以在车轮的驱动需求和发电机的充电需求之间进行调节。轻混合动力系统的混合度一般在 20% 以下。代表车型是通用汽车公司的混合动力皮卡车。

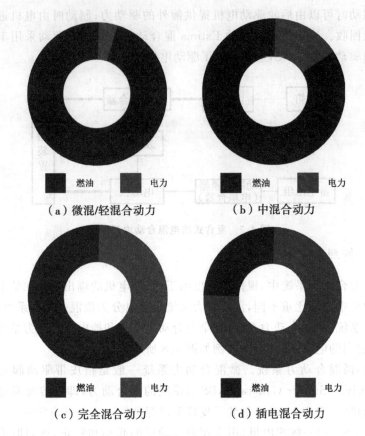

图 4.8　电力/燃油所占比例

（3）中混合动力系统。中混合动力系统采用的是高压电机的 ISG 系统，但与轻混合动力系统不同的是高压电机。中混合动力系统在车辆处于加速或者大负荷工况时，电动机能够辅助驱动车轮，补充发动机本身动力输出的不足，从而提高了整车的性能。这种系统的混合程度较高，可以达到 30% 左右，目前技术已经成熟，应用比较广泛。中混合动力系统的代表车型是本田公司旗下混合动力的音赛特（Insight），Accord 和 Civic 等车型。

（4）完全混合动力系统。完全混合动力系统采用了 272～650V 的高压起动机，混合程度更高。与中混合动力系统相比，完全混合动力系统的混合度可以达到 50% 以上。技术的发展将使得完全混合动力系统逐渐成为混合动力技术的主要发展方向。完全混合动力系统的代表车型是丰田公司的 Prius 和 Estima。

（5）插电式混合动力系统。插电式混合动力系统是一种将纯电动系统和现有混合动力系统相结合的产物。由于车辆带有外接插入式充电系统,车辆可以单独利用电动机行驶较长的距离,将内燃机的工作比例进一步缩小,提供更好的节油比例,但会消耗一定的电能。同时,又解决了目前纯电动汽车续航里程短的问题。但随着电池技术的发展,插电式混合动力系统仅仅是一种过渡方案。

以上五种不同的混合方式,都能在一定程度上降低油耗和排放。各大汽车厂商经过多年研发投入,试验总结,商业应用,形成了各具特色的混合动力技术发展之路。

4.3   油电混合动力系统控制策略

4.3.1   串联式油电混合动力系统

1. 工作模式

(1)纯电动模式。发动机处于关闭状态,由动力电池驱动电机带动车轮转动。

(2)纯发动机驱动模式。动力电池不参与驱动车辆行驶,完全由发动机、发电机组成的辅助动力单元提供的电能驱动电机带动车轮转动。

(3)混合驱动模式。发动机、发电机组成的辅助动力单元与动力电池同时向驱动电机提供能量,用于驱动车辆行驶。

(4)行车充电模式。发动机、发电机组成的辅助动力单元除向提供车辆行驶的能量外,还向蓄电池组充电。

(5)制动能量回收模式。由牵引电机作为发电机回收减速或制动过程中的能量并向蓄电池组进行充电,即再生制动能量回收。

(6)停车充电模式。牵引电动机不接受功率,车辆停止行驶,辅助动力单元发出的电能仅用于蓄电池组充电。

混合动力汽车实际的工作模式需要经过控制策略的优化,在满足动力性要求的基础上保护蓄电池状态和性能,以获得更好的燃油经济性和更低的排放。串联式混合动力系统有不同类型,如图 4.9 所示。

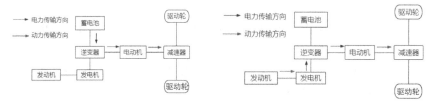

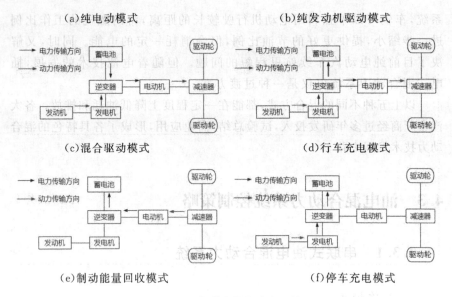

图 4.9　串联式混合动力系统

2. 控制策略

在这种汽车中,发动机和汽车所运行的实际行驶工况之间无机械上的直接连接,因此,始终使发动机工作在其最高效率区和最佳排放区就是能源管理策略所要实现的主要目标。另外,为了对混合动力汽车的整体效率进行优化分配,还要总体考虑整车传动系统中的发动机、发电机、储存能量的动力电池和电动机的效率。总体来说,目前串联式混合动力汽车的能源管理策略基本包括以下三种形式:

(1)恒温器式控制策略。在混合动力汽车的能量存储电池的状态变量 SOC 的值降低到预定的最低门限值时,控制策略使发动机开启,并令其工作在发动机的最高效率点或者最佳排放点,输出恒定的功率。一部分用来满足行驶功率需求,另一部分给动力电池充电。当混合动力汽车的能量存储电池的状态变量 SOC 的值升高到预定的最高门限值时,将发动机调整为关闭状态,汽车行驶所需要的能量全部由动力电池提供给电动机。恒温器式控制策略效果图如图 4.10 所示。

具体控制方式为:

当动力电池荷电量 SOC 小于 SOC_{min} 时,发动机起动并向动力电池充电;当动力电池荷电量 SOC 大于 SOC_{max} 时,关闭发动机;当动力电池荷电量 SOC 介于 SOC_{min} 和 SOC_{max} 之间时,维持发动机的工作状态;发动机工作在最佳工作点 Pfc＝CONST。

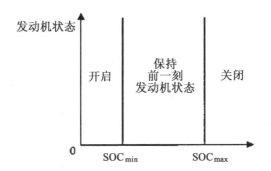

图 4.10　恒温器式控制策略效果图

　　应用这种控制策略时,动力电池需要供给车辆运行过程中波动较大的瞬时功率,使得动力电池的充放电周期缩短,发动机开关频繁。因此,这种控制策略的优点是:发动机的燃烧充分,平均效率高,排放低;缺点是:动力电池充放电频繁,发动机的频繁开关引起动态损耗增加,使得整车的总功率损失增加,能量转换效率趋低,影响动力电池的使用寿命。

　　(2)功率跟随式控制策略。这种功率跟随式能源管理策略依据车辆的动力电池的 SOC 状态和汽车的负荷状态来计算发动机的开启关闭和需要的输出功率的值,从而达到整车的能量需要。其控制策略的效果图如图4.11 所示。

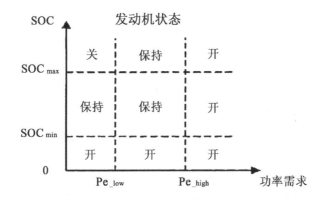

图 4.11　功率跟随式控制策略效果图

　　当对发动机的需求功率小于其输出功率时,调整其工作点,从而使其工作在最小输出功率线上;当动力电池的 SOC 值大于设定的下限值,但小于设定的上限值,且汽车的能量需求不大于动力电池容量,但是大于发动机所输出的最大功率时,就使其工作在最大输出功率线上,驱动汽车所不足的功率由动力电池提供;当且仅当动力电池的 SOC 值高于上限值,并且由它单独提供的功率就能够完全满足汽车行驶所需要的驱动功率时,才将发动机关闭。

　　动力电池储存的能量毕竟有限,这种能量管理策略能够充分地减少动力电池的充放电次数,进而使得混合动力系统的能量损失降低。而且功率跟随式控制策略使得发动机的输出功率根据汽车所需的驱动功率的改变而改变,动力电池的充放电次数大大减少,使得动力电池的损耗降低和寿命延长。但是,发动机工作区域变大,从而使其综合效率降低。

　　(3)基于规则的能量管理策略。基于规则的能量管理策略控制效果图如图 4.12 所示。这种能量管理策略结合了上述两种能量管理策略的优点,依据发动机的负荷特性和蓄电池所有的充放电特性分别为它们选择运行范围。并且根据工程经验、理论计算和试验确定一些控制规则,从而根据汽车行驶过程中的功率需求与动力电池的 SOC 状态控制发动机、动力电池和电动机的工作,使得它们都能高效运行,从而使得整车的效率得以提高。

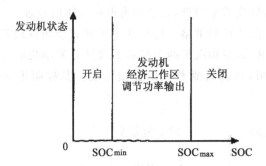

图 4.12　基于规则的能量管理策略控制效果图

　　房亮、王新、李金华等针对串联式混合动力客车的控制策略进行了深入的研究,基于 ADVISOR 仿真平台对比分析了恒温器控制策略、功率跟随控制策略和基于规则的能量控制策略对车辆动力性和经济性的影响,确定三种控制策略的各自优缺点。其仿真结果如图 4.13 所示。

　　通过对三种控制策略的仿真分析,可以得出:三种控制策略与传统汽车相比均可大大降低油耗;其中恒温器式控制由于发动机始终工作在最高效工作点,故燃油经济性能最具优势,但动力蓄电池荷电量 SOC 波动幅度最大,大大缩短了动力蓄电池的使用寿命;功率跟随控制方式中 SOC 波动幅度最小,但此时发动机为了满足功率需求需要工作在整个工作区间内,耗油量大;综合控制策略结合了以上两种控制策略的优点,平衡了各自的优缺点,大大延长了动力系统的使用寿命。

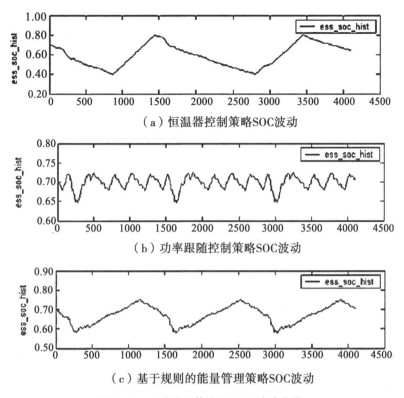

（a）恒温器控制策略SOC波动

（b）功率跟随控制策略SOC波动

（c）基于规则的能量管理策略SOC波动

图 4.13　三种控制策略下 SOC 波动曲线

4.3.2　并联式油电混合动力系统

1. 工作模式

由于并联式油电混合动力系统有两套独立的驱动系统,而且不同的驱动系统有不同效率的工作效率区间,使得在不同的工况下,并联式油电混合动力系统具有多种不同的工作模式及能量流动。如图 4.14 所示,并联式油电混合动力系统的工作模式主要有以下几种:

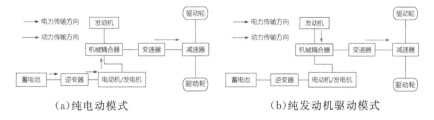

（a)纯电动模式　　　　　　　　　　　　　（b)纯发动机驱动模式

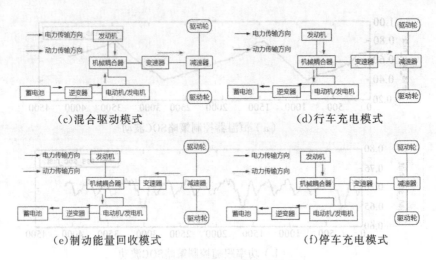

(c)混合驱动模式　　　　　　　　　(d)行车充电模式

(e)制动能量回收模式　　　　　　　(f)停车充电模式

图 4.14　并联式混合动力系统

(1)纯电动模式。在汽车起步时,利用电动机低速大扭矩的特性使车辆起步;在车辆低速行驶时,可以避免发动机在低效率和高排放的工作范围内工作,高效、动态特性好的电动机可以单独驱动汽车低速行驶。

(2)纯发动机驱动模式。在高速稳定的行驶工况下,发动机工作在高效低排放的工作范围,或者在郊区等对排放状况要求不高的地区,可以利用发动机单独驱动车辆。

(3)混合驱动模式。汽车在加速或爬坡时需要更大的驱动力,发动机和电动机同时工作,由电动机提供辅助功率使车辆加速和爬坡。

(4)行车充电模式。当发动机输出功率大于路面负荷,动力电池组的荷电状态低于最高限值时,发动机多余的功率用来给动力电池充电。

(5)制动能量回收模式。车辆减速制动时,电动机作为发电机使用,提供电制动力矩,同时回收电能给动力电池充电。

(6)停车充电模式。若停车前动力电池组电量不足,为了保证下一次起动时可以使用纯电动起动,增加纯电动的行驶里程,可以在停车时利用发动机给动力电池组充电。

2. 控制策略

并联式油电混合动力系统控制策略最早的思想大都是以车速为目标参数的控制。控制策略将发动机起动时所对应的车速设定为定值,根据实时车速来确定车辆的工作方式;如果车速低于设定值,车辆仅由电机驱动;车速比设定值高时,启动发动机,为汽车提供动力;但当车辆负荷大时,两者同时工作,驱动车辆。此种控制策略相对简单、易于被人理解掌握,在混合动力汽车研究领域得到了广泛的应用。但是其控制变量少、动态响应差,不能发挥混合动力汽车的优势,经济性也不能达到最好,未考虑排放,整体控制效率低。

并联式混合动力系统控制策略主要有静态逻辑门限值控制策略、瞬时优化控制策略、全局优化控制策略和模糊逻辑控制策略。

(1)静态逻辑门限值控制策略。静态逻辑门限值控制策略主要通过对车速、动力电池的荷电状态(SOC)的上下限值和发动机的工作转矩等一组门限参数进行设置,限定动力系统各个部件的工作区域,通过对整车的实施参数及预先设定的规则调整动力系统各部件的主要工作状态,从而提高动力系统的整体性能。该控制策略主要依据工程经验,根据动力系统各部件的稳态效率 MAP 图来确定如何进行发动机和电动机之间的动力分配。该策略简单直观,具有一定的实用价值。但是由于主要依靠工程经验设置门限参数,对车辆的燃油经济性无法保证在最优状态,而且这些静态参数不能适应工况的动态变化,因此无法使整车系统达到最大效率。

(2)瞬时优化控制策略。这种管理策略是将全局优化控制问题转变为一系列的瞬时优化问题,求解的结果就是瞬时最优结果的序列。它又分为等效燃油消耗最小策略和功率损失最小策略,两者虽然优化方法不同,但原理基本都是建立发动机油耗与蓄电池理论和实际消耗电量之间的联系,将等效油耗定义为发动机实际油耗之和与电池耗电量折算的油耗之和,再对每瞬时的等效油耗求最小值。

通常情况下认为瞬时油耗算法是由 S. Delprat 等和 G. Paganelli 等提出的。基本思想是从目标函数中的油耗与荷电状态 SOC 之间的关系出发,采用等效油耗的办法,取控制变量为发动机和电动机转矩,引入松弛量,将不等式约束转化为等式约束,将约束条件下最优计算转化为无约束优化问题。J. P. Gao 等比较了 ECMS、功率跟随控制、开关式控制和动态规划,指出开关控制能够优化发动机工作区域,功率跟随控制能够减少电池充放电频次,而 ECMS 能对现有混合动力汽车控制策略进行了归纳和分析。

瞬时优化管理策略能够兼顾车辆的经济性和排放性,可以通过相应的权值实现不同性能的重要性,例如把排放性的权值设置为 0,优化就忽略排放。但是,瞬时优化管理策略的缺点就是优化过程中浮点计算多,运算量大,实际应用比较困难,实现成本高。另外优化中需要预测制动过程中的回收能量,就要建立相应的预测数学模型,增加了实现的困难度,且其存在是对标准驱动工况进行统计分析和进行瞬时车辆运行工况判断的前提。

(3)全局优化控制策略。作为混合动力系统能量分配策略,全局优化控制策略主要包含基于多目标数学规划方法的能量管理策略、基于古典变分法的能量管理策略和基于 Bellman 动态规划理论的能量管理策略 3 种控制策略。

　　基于 Bellman 动态规划理论的能量管理策略的研究最为成熟,通过建立空间状态方程,计算在约束条件下满足性能指标的最优解。该控制策略对一般的控制对象通常按照时间顺序把一个复杂的决策问题(包括连续变量和离散变量的取值序列)转化为若干段(某一时间段内)决策问题,然后逆序递推,最后就可以求解出完整的最优策略(即输入控制量的最优值序列)。

　　混合动力系统运用这个策略时,假设系统发展用状态方程来描述,状态变量是 SOC,每一节点代表每时刻(横轴)对应的 SOC 值(纵轴),如图 4.15 所示。假设初始($t＝0$)SOC 是 A,而终止 SOC 是 E,连线上的数字代表了从一点到另一点的燃油消耗量。应用此原理可以得出最优的途径(从 A 到 E)是:$A\text{-}B'\text{-}C''\text{-}D\text{-}E$。

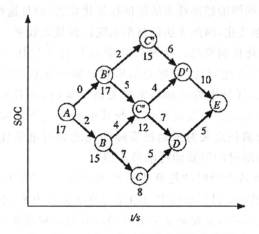

图 4.15　Bellman 动态规划全局优化原理

　　在实际混合动力系统的仿真优化中,Bellman 动态规划过程的实现是首先通过离散 SOC 来建立 Bellman 过程的节点,SOC 离散精度可以选择为 1％,时间步长可以确定为 1s。然后计算各 SOC 节点之间连线的权重,这个权重对应于实现 SOC 变化而需要的发动机油耗。只要那些从初始 SOC 节点可以达到或可以由此出发达到终点 SOC 的节点都需要被考虑。在循环工况中计算各连线权重,保留最优解,实现电机和发动机的功率要求和传动比的全局最优化。仿真结果显示,在某种工况循环下,通常全局优化比瞬时优化降低油耗 5％～20％。

　　应用动态规划算法求解以油耗为单目标的全局优化问题的研究已经非常普遍。张炳力等人针对某款并联式混合动力汽车 PHEV 以整个循环工况的燃油经济性最优为目标,运用离散动态规划算法,得到 PHEV

全局最优控制策略,对获得的全局最优控制策略进行仿真验证,并与采用瞬时最优控制策略得到的仿真结果进行比较。结果表明,全局最优控制在满足电池荷电状态平衡的前提下,获得了比瞬时最优策略更好的整车燃油经济性。

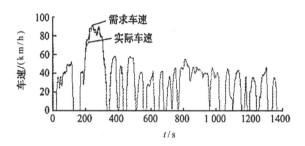

图 4.16　实际车速

图 4.16 说明全局最优控制策略可以满足该车的速度和加速度要求。

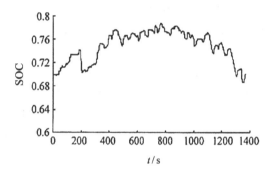

图 4.17　SOC 曲线

图 4.17 中曲线 SOC 的变化范围为 0.65~0.8,满足了电池寿命要求,且循环结束时 SOC 与初始值相等,满足电池荷电状态平衡条件。

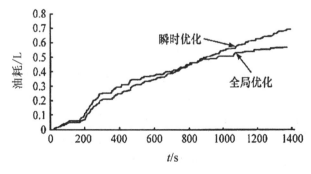

图 4.18　油耗曲线

图 4.18 为运用两种策略仿真的油耗曲线,UDDS 工况全程约 12km,由此计算出此车该工况下瞬时优化和全局优化控制策略的 100 油耗分别为 5.75L 和 4.64L,可见全局最优控制策略的燃油经济性明显高于瞬时优化控制策略。

欧阳易时、金达锋、罗禹贡等分析了动态规划算法求解最优目标函数解的性能指标,该指标融入了电池(电机)输出功率和整车需求功率,能够表示燃油消耗和荷电状态变化量之间的物理关系。

全局优化模式实现了真正意义上的最优化,但实现这种策略的算法往往都比较复杂,计算量也很大,在车辆的实时控制中很难得到应用。通常的做法是把应用全局优化算法得到的能量管理策略作为参考,以帮助总结和提炼出能用于在线控制的能量管理策略,如与逻辑门限策略等相结合,在保证可靠性和实际可能性的前提下进行优化控制。

(4)模糊逻辑控制策略。模糊逻辑控制策略的基本思想是利用模糊逻辑法则来模仿人的推理和决策思维,来决策混合动力系统的工作模式和功率分配,将"专家"的知识以规则的形式输入模糊控制器中,称为规则库,模糊控制器将车速、动力电池 SOC 值和需求功率/转矩等输入量模糊化,基于设定的控制规则来完成决策,以实现对混合动力系统的合理控制,从而提高车辆整体性能。对于一些复杂的非线性控制系统,通过对系统动态过程中有用信息的综合分析,然后按照模糊蕴涵法则集成推理形成最佳模糊决策,用来对系统进行有效的控制。模糊逻辑控制策略目的与瞬时优化控制策略类似,但与瞬时控制策略相比,模糊逻辑控制策略具有鲁棒性好的优点。

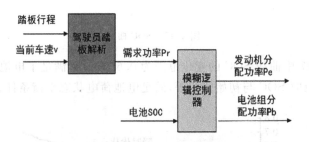

图 4.19 基于模糊规则的能量管理策略

如图 4.19 所示,模糊控制器首先将传感器传来的精确输入信号(如图 4.19 中车辆需求功率 Pr、电池 SOC 等)转换成模糊量,根据模糊控制器的推理机制,应用规则库中的相关模糊规则,得出控制变量的模糊值,并将其解模糊化转换成精确量,作为控制指令,协调控制车辆各部件(如增程器、动力电池的功率输出等)之间的能量流,使之合理分配。从而使整车的燃油经济性和排放性能得到优化。

模糊逻辑控制策略用于电动汽车驱动系统的控制原理,如图 4.20 所示。在控制过程中,微机经中断采样获取电动汽车行驶工况值,然后将其量与给定值比较得到误差信号 E(在此取单位反馈)。再取 E 作为模糊控制器的一个输入量,把 E 的精确量转化为模糊量,E 量可用相应的模糊语言表示。至此,就得到了 E 的模糊语言集合的一个子集 e(模糊向量),再由 e 和模糊控制规则 R 根据推理的合成规则进行模糊决策得到模糊控制量 u:

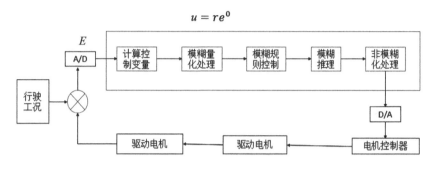

图 4.20 模糊逻辑控制原理图

为了对被控制的量施加精确的控制,还需要将模糊量 u 转换为精确量。得到了精确的数字控制量后,经数模转换变为精确的模拟量送给执行机构,即电动机控制器,对驱动电机进行第 1 步控制,然后等待第 2 次采样,进行第 2 步控制,这样循环下去,就实现了对被控制对象的模糊控制,完成驱动控制的要求。

基于模糊逻辑的策略可以表达难以精确定量表达的规则,方便地实现不同影响因素(功率需求、SOC 和电机效率等)的折中,鲁棒性好。模糊逻辑控制增加了模糊决策因素和逻辑思维,是比较符合人的思维逻辑的控制算法之一,在混合动力汽车能量管理策略中应用是比较合适的。

4.3.3 混联式油电混合动力系统

1. 工作模式

混联式油电混合动力系统同时具有串联和并联混合动力汽车的工作模式,如图 4.21 所示。

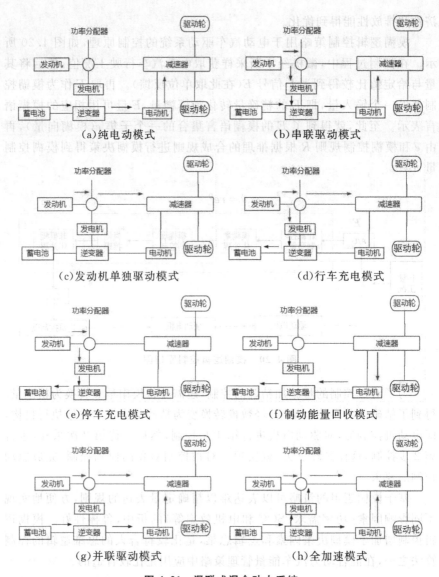

图 4.21　混联式混合动力系统

（1）纯电动模式。起动及低速运行时，从静止起步到车速低于一定车速，发动机不工作，车辆由驱动电机驱动，为纯电动模式。

（2）串联驱动模式。在低速区间，大功率驱动工况，如连续爬坡等，此时依照工作状况设定，有电动机驱动，将会消耗大量的电能，需要发动机为动力电池补充电能；在动力电池电量不足时，低于预设值，发动机需要为动力电池及时补充电能。汽车以串联模式行驶时，发动机工作在经济区间且发出恒定功率。

(3)发动机单独驱动模式。此时与传统汽车工作状况相同,适合于发动机经济转速区域,即此时为巡航车速。

(4)行车充电模式。一般工作在发动机中速区域,此时发动机动力负荷偏低,效率低。通过这种模式提高发动机的工作负荷,从而提高发动机的工作效率并为动力电池充电。

(5)停车充电模式。当动力电池荷电状态低于设定限值时,可以采用停车充电,发动机在经济区以输出恒功率的方式带动 ISG 电机发电,为电池充电。

(6)制动能量回收模式。在减速或制动时,利用电动机的反拖作用,电动机作为发电机发电,为动力电池充电,同时产生制动力矩。

(7)并联驱动模式。发动机和电机同时工作,提供较大的动力输出,这种模式适合工作在中低速、加速和高速区。

(8)全加速模式。发动机、发电机和驱动电机同时工作,此时所有的能量都输出用于驱动车辆。这种模式能够获得最大的驱动力,一般用于极限速度行驶、超车等情况。

2. 控制策略

(1)发动机恒定工作点控制策略。这种策略采用发动机作为主要动力源,电机和电池通过提供附加转矩的形式进行功率调峰,使系统获得足够的瞬时功率。由于采用了行星齿轮机构使发动机转速可以不随车速变化,这样使发动机工作在最优的工作点,提供恒定的转矩输出,而剩余的转矩则由电动机提供,这样电动机来负责动态部分,避免了发动机动态调节带来的损失。而且与发动机相比,电机的控制也更加灵活,更容易实现。

(2)发动机最优工作曲线模式。这种策略从静态条件下的发动机万有特效出发,经过动态矫正后,跟踪由驱动条件决定的发动机最优工作曲线,从而实现对发动机及整车的控制。在这种策略下,让发动机工作在万有特效图中最佳油耗线上。发动机在高于某个转矩或功率限值后才会打开,发动机关闭后,离合器可以脱开(避免损失)或接合(工况变化复杂时,发动机起动更加容易),只有当发电机电流需求超过电池的接收能力或者当电机驱动电流需求超过电机或动力电池的允许限值时,才调整发动机的工作点。

(3)瞬时优化模式。在发动机最优工作曲线模式思想下,对混合动力汽车在特定工况点下整个动力系统的优化目标(如效率损失、名义油耗)进行优化,便可以得到瞬时最优工作点,然后基于系统的瞬时最优工作点对各个状态变量进行动态再分配。通常瞬时优化策略采用名义油耗和功率损失作为控制目标。

（4）全局优化模式策略。由优化理论可知，瞬时最小值之和并不等于和的最小值，因此瞬时优化模式不能导致全局最优的控制策略。全局优化模式实现了真正意义上的最优化。但实现这种控制策略的算法往往都比较复杂，计算量也很大，在实际车辆的实时控制中很难得到应用。

通常的做法是将应用全局优化算法得到的控制策略作为参考，再与其他的控制策略相结合，在保证可靠性和实际可能性的前提下进行优化控制。通常用的控制理论有变分法、极小值原理和动态规划。

上述混合动力的控制策略还处于发展期，有待于理论与实践结合的进一步探索提高。由于一般情况下的内燃机比油耗曲线接近于鱼钩形，即两头高中间低，也就是说在低负荷及高负荷油耗较高，而在所设计的额定负荷工况点油耗较低，并且此时油耗较低、燃烧完善的工况点也是排放量较低的点。因此，在优化的工况点工作可以降低油耗，改善排放。

因此，如何充分发挥混合动力汽车的两种动力在能量转换效率上的最大优势，其控制策略的选择十分重要。首先是工作模式的选择，其次是各个动力元件的以及储能系统的控制。不仅考虑每个元件的特性，还要从系统的角度提高整个驱动系统的效率，减少功率损耗，控制策略就是要尽可能的使发动机工况和动力电池扩充放电状态及电动机（发电机）的工况都在最优工况或者接近两者的最优工况下工作，那么整车的性能就会最优。

4.3.4 插电式混合动力系统

插电式混合动力系统是指可以使用电网（包括家用充电插座）对混合动力汽车电池充电的一类混合动力系统，同时安装这种动力系统的车辆可以单独依靠动力电池行驶较长距离，在需要时仍然可以像通常的全混合动力汽车一样工作。插电式混合动力系统包含两种结构分别为并联插电式、混联插电式混合动力系统，结构如图 4.22、图 4.23 所示。

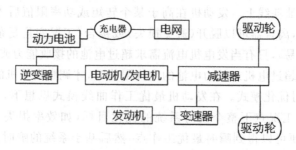

图 4.22 并联插电混合动力系统

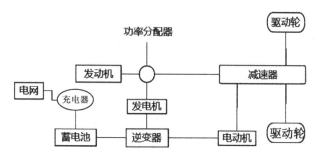

图 4.23　混联插电混合动力系统

插电式混合动力系统与普通混合动力系统的区别在于普通混合动力系统的电池容量很小,仅在起/停、加/减速的时候供应/回收能量,不能外部充电,不能用纯电模式进行较长距离行驶;插电式混合动力系统的电池相对比较大,可以外部充电,可以用纯电模式行驶,电池电量耗尽后再以混合动力模式(以内燃机为主)行驶,并适时向电池充电。

与动力电池动力系统相比,插电式混合动力系统不需要像动力电池动力系统需要专用充电设备补充电能,插电式混合动力系统汽车可以用自身安装的车载充电器,直接用电网进行充电,而且与动力电池动力系统相比,增加了发动机;与油电混合动力汽车相比,插电式混合动力汽车可以直接使用外接电网进行充电;在相同的车型条件下,插电式混合动力系统的动力电池要比油电混合动力系统的电池功率要大,发动机功率比油电混合动力汽车的要小。综合而言,插电混合动力综合了纯电动与油电混合动力的优点。

插电式混合动力系统具有低噪声和低排放的优点。而且插电式混合动力电动汽车介于常规混合动力电动汽车和纯电动之间,出行里程长(如周末郊游)时采用以内燃机为主的混合动力模式,出行里程短(如正常上下班)时采用纯电动模式。此外插电式混合动力系统的汽车可在晚间低谷时使用外部电网对车载动力电池进行充电,不仅可改善电厂发电机组效率问题,而且可以大大降低对石油的依赖;同时用电比燃油便宜,可以降低使用成本。

插电式混合动力系统也存在一定的缺点,由于插电式混合动力电动汽车的行驶特性,动力电池 SOC 必须在很大的范围内波动,属于深度充电深度放电,因此循环工作寿命受到一定影响,需要动力电池具备深充和深放的能力。

根据车载动力电池的荷电状态的变化特点,可以将插电式混合动力汽车(Plug-in Hybrid Electric Vehicle,PHEV)的工作模式分为电量消耗(Charging Depleting,CD)、电量保持(Charging Sustaining,CS)和常规充电

(Battery Charging,BC)模式,其中电量消耗又分为纯电动(EV)和混合动力(HEV)两种子模式。PHEV 优先应用电量消耗模式,然后根据整车的功率需求,具体选择 EV 和 HEV 两种子模式。

丰田 Prius 的插电式车型就是在原来混联式的基础上增加车载充电器改型设计而成的,而通用 Volt 却在原来纯电动车的基础上增加发动机改型设计而成。Volt 的最初定位是设计制造一款增程式混合动力系统,采用小电机加大容量电池实现纯电动行驶。但是由于动力性不能满足要求,所以在发动机与电动机之间增加离合器,在动力需求较大时,使发动机参与驱动。结构上采用了行星齿轮耦合机构的混联结构,但是工作模式又与同样采用行星齿轮结构的丰田 Prius 插电式不完全相同。

4.3.5 增程式混合动力系统

增程式汽车是一种配有充电插口和具备车载供电功能的纯电能驱动的电动乘用汽车。目前该类型的车都是在配备车载电池的同时还配备一个较小排量的发动机,但发动机不做动力输出。这类车通过消耗车载储存的电能来行驶,当系统判断电量低于一定储备时,配备的发动机会启动为车载电池充电,从而起到了增加行驶里程(增程)的作用。目前常见的增程式混合动力车辆有雪佛兰的沃蓝达 Volt、宝马 i3 增程版等。增程式混合动力系统示意图如图 4.24 所示。

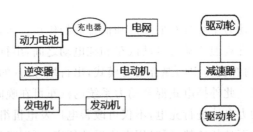

图 4.24 增程式动力系统

增程式汽车作为一种过渡技术,通过增加一个燃料发动机克服了传统电动车充电时间的限制,有效地改善了纯电动汽车续航里程短的问题,延长了车辆行驶里程。增程式纯电动车单独依靠动力电池就能满足较长行驶距离的使用需求,当电池电量降到设定值时,通过启动发电机组以增程模式行驶。因此,在动力电池能量允许的工作范围内,增程式纯电动车可完全保持如传统汽车的日常驾驶习惯,依靠纯电力驱动行驶,而无需担心因电池容量不足所引起的车辆抛锚现象。同时,增程式纯电动车为节约石油资源提供了充分的可能,而且对于大量的驾驶者来说还起到了减排的作用。

增程式电动车是一种可增加续航里程的电动汽车,兼有混合动力汽车和纯电动汽车的特征。增程式纯电动车的特点如下:

(1)在电量消耗模式下,发动机不启动,由动力电池驱动整车行驶,这样可减少整车对石油的依赖,缓解石油危机。

(2)在电池电量不足时,为了保证车辆性能和电池组的安全性,进入电量保持模式,由动力电池和发动机联合驱动整车行驶;整车纯电动续航里程满足大部分人员每天行驶里程要求,动力电池可利用晚间低谷电力充电,缓解供电压力。

(3)整车大部分情况下在电量消耗模式下行驶,能达到零排放和低噪声的效果。

(4)发动机与机械系统不直接相连,发动机可工作于最佳效率点,大大提高整车燃油效率。

增程式电动车比纯电动汽车增加了发动机+发电机组,大大提高了续航里程。增程式纯电动车可利用外部电网进行充电。其工作模式如图 4.25 所示。

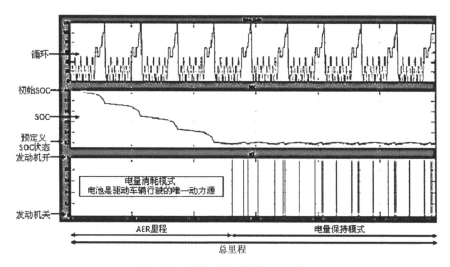

图 4.25 增程式电动汽车工作模式

增程式纯电动车在电池充满电的初期行驶阶段,整车的需求功率完全由动力电池提供,发动机不参与工作,此时增程式纯电动车相当于纯电动汽车;当电池组的能量消耗到一定程度时,发动机启动,与动力电池协同工作,此时增程式纯电动车相当于混合动力汽车。增程式纯电动车电池容量只需满足城市大部分人员每天行驶里程要求,所以与纯电动汽车相比,电池成本大幅下降;而增程式纯电动车发动机的使用,主要是为了避免驾驶员对行驶里程的担忧,并且只是在电池电量不足时才启动,发动机不需要提供车辆所有的动力需求,发动机的功率显著降低。

4.4 油电混合动力系统参数设计

与传统内燃机汽车相比,混合动力汽车关键系统是动力系统和储能系统,同时这也是混合动力汽车获得更好的燃油经济性和排放性能的原因。本节将从车辆动力学的角度,对混合动力汽车的系统结构和动力系统部件的参数设计进行分析。

4.4.1 混合动力汽车结构选型

4.2节中对混合动力汽车的分类进行了详细的介绍,其不同的结构决定着混合动力汽车的工作模式,也直接影响混合动力系统的设计。

根据混合动力汽车的市场定位,如车型(微型车、SUV、大型车辆)、应用场合(短途通勤车辆、高速客车、物流用车、公交客车等)的不同,选择合适的混合动力系统结构。同时出于生产成本的考虑,能够与原型车辆共用零部件也会作为混合动力汽车设计目标的考虑因素之一。混合动力汽车的优越性体现在燃油经济性和动力性方面。不论基于何种设计思路,动力性和燃油经济性都是重要的设计目标。车辆平时的使用情况(如路况、行驶里程等)也影响着混合动力汽车的选型。

4.4.2 车辆动力学指标

对于混合动力汽车动力系统的设计,一方面要满足动力性,另一方面要配合优化控制策略尽可能的使车辆高效工作。目前混合动力汽车参数匹配首先根据车辆动力学方法,通过给定政策参数和性能指标要求根据车辆动力学相关公式计算动力总成参数。

混合动力汽车动力系统的设计首先要满足动力性能的要求,主要指标包含:初始加速度 a、给定坡度的额定车速 v_f、最大爬坡度 i_{max} 和最高车速 v_{max},这些指标决定着发动机和电机的功率。储能系统的总能量的选择必须满足车辆持续加速和爬坡的能量需求,如果车辆是在纯电动行驶工况,则发动机和电机的功率关键是由纯电动行驶里程决定的。电池系统容量则需要满足电池的荷电状态在允许工作范围内,除此之外,还有充放电功率的限制。排放性能只受发动机排放性能的影响。

1. 初始加速度

初始加速度是指在时间 t_i 内,车辆速度由 0 匀加速到额定车速 v_t 的加速度。串联式混合动力汽车的驱动力由电驱动系统提供,并联式混合动力汽车驱动力由电驱动系统和发动机共同提供。

2. 额定车速

串联式混合动力汽车工作在额定车速所需要的驱动力由电驱动系统提供,并联式混合动力汽车的发动机驱动系统提供的驱动力应该能够满足车辆以额定车速行驶在一定坡度($i \geqslant 30\%$)的路面上。此外,还应该具有 10% 的额外功率用于给电池组进行充电。

3. 最高车速

串联式混合动力汽车电驱动系统提供的能量应该能够使车辆达到最高车速;并联式混合动力汽车的驱动力由电驱动系统和发动机共同提供。

4. 最大爬坡度

根据前面三个动力参数的设计要求,确定动力系统中发动机、电机后,需要确认是否满足最大爬坡度的要求。

$$i_{\max} = \frac{-100 F_{TR}}{\sqrt{mg^2 - F_{TR}^2}}$$

式中,F_{TR} 为驱动力。

上面的设计原理为动力系统的功率选择提供了基本的依据,设计中还要多方面考虑所选动力元件(发动机、发电机/电动机)的特性,车辆行驶循环、车辆参数等约束。

混合动力汽车的实际工况主要包括特征工况和典型工况等。特征工况的分析与车辆动力学分析类似,包含最高车速、最大爬坡度、初始加速度工况,并通过对这些特征工况的分析获得车辆动力学和对储能系统的能量要求,由此得出整车对各动力总成的基本要求。

通过以上对整车性能的分析,混合动力汽车动力总成参数匹配选择的基本原则是在满足整车动力性指标的基础上,通过合理确定动力总成参数来提高整车的经济性能。对于动力总成方案的设计,还需要考虑不同动力系统结构的特点以及与之对应的动力元件的选择。即首先需要根据动力性确定总成的总功率需求和其他动力性约束条件,然后对不同的动力结构(串联、并联、混联等)进行参数的选择计算。

4.5　油电混合动力系统发展趋势

随着能源与环境问题的日益加剧,新能源汽车成为汽车行业乃至整个社会广泛关注的话题。作为新能源汽车中最具实用价值和商业化运作模式的混合动力电动汽车(HEV),其研究开发更是成为世界各大汽车公司、研究机构和高校的研究热点。国外混合动力汽车开发始于 20 世纪 90 年代,随着近年政府对于新能源车的大力支持,各国汽车企业纷纷推出各种混合动力车型。

4.5.1　国外发展现状

丰田公司最先批量生产混合动力汽车,1997 年底推出全球第一款商品化的混合动力汽车;2008 年 4 月丰田宣布 Prius 在全球销售 102.8 万辆,首次突破百万。本田公司于 1999 年 11 月推出 Insight;2001 年 12 月推出 CIVIC Hybrid;2004 年 12 月推出 Accord Hybrid;到 2010 年本田全球累计销售混合动力汽车突破 30 万辆;2011 年底突破 80 万辆。目前,日本的混合动力汽车产业链和相关配套基础设施已经较为成熟。

福特汽车公司于 1998 年推出 P2000 型并联结构的混合动力汽车;2001 年推出 Escape 混合动力 SUV;到 2009 年 11 月止,福特混合动力汽车销售数量累计 3.1 万辆。通用汽车公司于 2004 年推出了简易型混合动力汽车,如"Slilverado"和"GMC Sierra"等;2007 年推出 Volt,并于 2011 年上市;凯迪拉克凯雷德(Escalade)也于 2009 年推出。克莱斯勒汽车公司于 2009 年也推出了自己的 PHEV 车型 200C;目前,有海外媒体报道,克莱斯勒有望在 2017 年美国国际消费电子产品展览会(CES)上首次展出 Pacifica 纯电动版车型。

德国大众汽车公司于 1991 年首次推出城市工况平均能耗 3.2L/km 的 Chico 混合动力微型汽车;2008 年在日内瓦车展上展示了高尔夫 TDI 混合动力汽车的样车;2009 年在法兰克福车展上展示了纯电动车型。宝马公司旗下目前 2 系、3 系、5 系、7 系、X1,X5 均有了插电式混动汽车,此外,还推出了 iPerformance 子品牌,新宝马 5 系 PHEV 于 2015 年正式上市。沃尔沃公司于近年持续推出 V60、S60、XC90 等 PHEV 车型,且已陆续上市,旗下首款纯电动汽车官方确认也将于 2019 年上市。法国雷诺公司已经在进行 VERT、HYMME 两款混合动力汽车的 1 万 km 的运行试验。

　　国外混合动力汽车发展现状如图 4.26 所示,目前主要集中在乘用车领域。采用发动机与电机直接耦合的动力方案实现混合动力的汽车以本田的 Insight 为主。采用电机与变速器直接耦合的动力方案实现混合动力的汽车以丰田 Prius 和通用的双模式汽车为主。另外还有插电式和增程式电动汽车。

混合动力汽车		插电式、增程式 电动汽车	电动汽车
发动机与电机 直接耦合	发动机与电机 通过变速器耦合		

本田 Insight IMA 动力系统	丰田 Prius	雪佛兰 Volt	日产 Leaf

Continental 公司 ISAD 动力系统	Allion 双模式变速器	丰田插电式 Prius	Smart 纯电动车

Ford Explorer	通用双模式混合动力	沃尔沃 V60 混合动力	宝马 Active E 纯电动

图 4.26　国外混合动力汽车发展现状

4.5.2　国内发展现状

　　在国家连续四个五年计划和全球汽车消费形势的影响下,混合动力汽车在中国得到了迅速发展,已经从研究进入到产业化的关键阶段。统计到目前为止,国内研发和生产混合动力汽车的整车厂主要包括东风、上汽、北汽、奇瑞、吉利、比亚迪和江淮等,各大汽车公司在混合动力方面的投入,也都取得了相应的进展。

1999年,清华大学与厦门金龙联合汽车工业有限公司合作研制成功国内第一辆混合动力轻型客车。2001年底,国家"863"电动车科技攻关项目正式启动。一汽和东风汽车集团联合所在地高校和研究所,在各自客车底盘上研发混合驱动公共汽车和大型客车。此外东风电动汽车公司还承担了混合动力轿车的研究开发。

比亚迪汽车于2015年上海车展推出了比亚迪混合动力车型,其纯电动续航里程为85km,百公里油耗为2L,作为"542战略"第一款车型,采用革新性电子技术"超级全时四驱"取代传统的机械四驱,具有电机响应迅速及能量利用效率高的特性,传动系统则配有6速湿式双离合变速箱,新车从静止加速到100km/h仅需4.9s。

奇瑞汽车公司最新的艾瑞泽7,它的油耗为2.2L/100km,纯电动续航里程在50km以上,在动力方面,艾瑞泽7配备了1.5T涡轮增压引擎(1.6DVVT发动机+7CVT黄金动力总成),1.5T发动机在2000~4000转宽/转速内能够达到205N·m峰值扭矩,低速、高扭、动力强、油耗低、噪声小,百公里加速仅为9.9s。

国内混合动力汽车发展现状如图4.27所示。

混合动力汽车		插电式、增程式电动汽车	电动汽车
发动机与电机直接耦合	发动机与电机通过变速器耦合		
 长安杰勋 HEV	 荣威 750	 荣威 550 插电式	 比亚迪 E6 EV
 奇瑞 A5 HEV	 一汽 CA6110HEV	 奔腾 B50C 插电式	 瑞麟 M1-EV
 华普海尚 305 HEV	 东风 EQ6110HEV	 比亚迪 F3D	 一汽雅 M80EV

图4.27 国内混合动力汽车发展现状

　　近年来,在传统混合动力汽车的基础上又派生出一种新型混合动力汽车—插电式混合动力汽车(Plug-in Hybrid Electric Vehicle,PHEV),与传统混合动力汽车相比,其最大特点是自身安装车载充电器,可以使用电网给车载动力电池充电。PHEV 还具有使用成本低、排放少、燃油经济性好、提高电网使用率等优点。

　　随着各国环境立法的日益严厉,电动汽车、混合动力汽车性能逐渐提高、成本不断降低,混合动力汽车的市场份额在逐渐的增大。国外混合动力汽车技术比较成熟。欧洲、美国、日本汽车公司已经采用了不同的布置形式、控制策略,在较短的开发周期内将其产品化,并且具有市场规模。我国混合动力汽车的研制主要在混合动力客车方面有较多的进展,但是在混合动力汽车方面与国外还有一定的差距,缺少系统化平台化的研发和生产。

4.6　系统平台化发展

4.6.1　系统平台化简介

　　到目前为止,在我国乘用车领域还没有实现混合动力汽车市场化的自主车型。没有长期的平台化开发的规划是市场化的难点所在。事实上,自主车企迟迟没有突破混合动力技术的关键并非是在混合动力汽车技术上的投入资金和人力,而是平台化技术的缺失。

　　由于合资品牌的车企大多基于国外的平台,缺乏自主开发,使得国内电动汽车研发大多在传统汽车上进行改装。缺乏电动汽车平台化的发展概念直接导致了纯电动汽车研发陷入困境,也影响了混合动力汽车的研发发展。而在国外,各大整车厂都在为电动汽车开发创建全新的平台,如通用 Volt 的电动底盘、本田纯电动及 Plug-in 平台等都为各自的新能源汽车发展奠定了基础。此外,国内仍然缺乏动力系统技术及电池组技术的平台概念,这一现状直接导致混合动力的关键零部件仍然依赖进口,致使车辆成本无法降低。

　　系统平台化的发展理念有助于缩短研发周期、降低开发成本、使得汽车制造专业化和模块化。平台化的概念有助于车企在开发混合动力汽车初期设定发展目标和发展阶段,同时将动力系统、储能系统形成平台后,有利于技术的深入和扩展。平台化的优点不仅帮助技术研发人员对技术进行不断改进优化,同时对拓展市场、开发新车型、制订生产计划、节约成本带来帮助。

4.6.2 系统平台化关键技术

1. 动力系统平台化

相比于传统燃油动力系统，油电混合动力系统增加了电机，而电机与传统动力系统结合方式的不同造就了如今两大类动力系统平台：一类是发动机和电机结合，如本田 IMA 混合动力平台；另一类是电机与变速器的结合，如通用 E-Flex 平台及丰田 THS 混合动力平台等。

通用汽车在 2007 年上海国际汽车工业博览会推出了一款雪佛兰 Volt 概念车，其采用了通用汽车最新研发的 E-Flex 动力推进系统。该系统被业界喻为"真正改变了汽车的 DNA，是驱动汽车行业进入电气时代的先驱"，它代表了这个全球最大汽车制造商在电力驱动汽车以及燃料电池技术的研发上的最新高度。

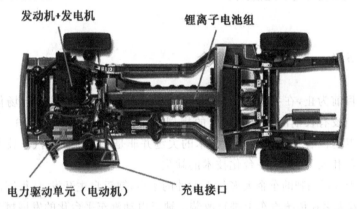

图 4.28　E-Flex 系统平台

（1）E-Flex 动力推进系统的出现降低了燃油消耗。在美国的实验中，通过 E-Flex 动力推进系统，雪佛兰 Volt 在 110V 电源上充电约 6h 即可充满锂电池，而使用 220V 电源充电的话，所需的时间更短。该混合动力汽车使用纯电动模式可在城市道路上行驶约 64km。这意味着如果日常行驶里程超过 64km，而且有充足时间进行充电，就可以降低燃油消耗，甚至不需要加油。

当雪佛兰 Volt 内置电池组中的电能耗尽后，E-Flex 动力推进系统可以将汽油、乙醇、生物柴油、氢气等能源转化成电能，确保有足够的电力驱动能力。根据实验数据，如果使用汽油内燃机，通过能源转换后，Volt 的最大续航能力超过 1000km，每升汽油可以使汽车行驶 17km，超过传统汽车的两倍。

（2）E-Flex 动力推进系统可灵活适应多种能源。E-Flex 系统可以从汽油、乙醇、生物柴油或氢气中获得电能,因此我们可以根据不同的需求,定制推进系统,以满足特殊的要求和特定市场的基础设施。例如在巴西,可以使用 100％的乙醇（E100）作为燃料;在上海,可以利用太阳能获取氢;在瑞典,可能会从木材中获取生物柴油。这些燃料最终转化为电能驱动汽车。

事实上,如果设计使用 E85 燃料（即 15％汽油与 85％乙醇的混合燃料）,每公升燃油的行驶里程数则可近 185km。因此,E-Flex 平台将大大推动全球汽车能源多元化的进程。

（3）E-Flex 动力推进系统的应用大大拓展了新能源车型的空间设计。E-Flex 系统配置的是小型发动机,并且适合于普通的汽车底盘,使得整个动力推进系统的体积缩小许多。

由于拥有众多的技术优势,E-Flex 动力推进系统将大大缩短电力驱动汽车由概念向量产进发的时间表,引领整个全球汽车行业迈向电气时代。

2. IMA 平台

（1）系统构成。本田 IMA 混合动力系统中 IMA 的英文全称为 Integrated Motor Assist,在 1997 年首次面世,并广泛运用在 Insight、思域、雅阁（第七代）、飞度以及 CR-Z 等车型上,截至目前,本田 IMA 混合动力系统已经发展至第 6 代产品,但基本设计思路与理念还是一脉相承的,就是以发动机提供动力为主,电机作为辅助动力的混动机构,特点就是结构设计简单、重量轻、布局紧凑。

本田 IMA 混合动力系统主要由发动机、电动机、CVT 变速箱以及 IPU 智能动力单元这四个部分组成。其中,发动机方面目前主要的混动系统的发动机基本以 1.3L 和 1.5L 这两款自然吸气四缸发动机为主,曾经也有过 3.0L V6 发动机＋144V 电机的组合用于混合动力版雅阁车型。电动机则是三相超薄型 DC 无刷电机,作为动力辅助装置,安装在发动机与 CVT 变速箱的中间。

（2）结构部件剖析。IMA 发动机通过搭配 i-VTEC 智能可变气门正时系统、i-DSI 智能双火花塞顺序点火系统以及 VCM 可变气缸管理系统实现减低油耗的目的。只是针对装备车型与市场定位不同,发动机动力调校以及 VCM 可变气缸管理系统的工作方式会有所变化。

IMA 发动机具有智能可变气门正时、升程控制系统,可根据车辆行驶状况对气门开启时间、升程进行控制,甚至完全关闭某一气缸的进排气气门,从而实现闭缸。其中装备在 CR-Z 车型上的 1.5L 发动机,当车辆低速巡航行驶时能关闭一个气缸的供油与进排气,其余三个气缸正常工作,相对降低能耗和排放。而在混合动力版飞度与 Insight 车型上的 1.3L 发动机,当车辆低速巡航行驶时,可以自动停止所有气缸的供油与供气,实现真正意义上的闭缸与零排放。

不过本田 IMA 系统实现纯电动行驶的前提是歇缸技术,而且发动机曲轴与电机是连在一起的,当车辆以纯电动状态行驶时,发动机虽然停止供油但气缸与曲轴仍保持运转,或多或少会消耗电能。而丰田、日产等品牌的混合动力系统以纯电动行驶时,会通过行星齿轮或离合器将发动机与电动机的连接"中断"。对电能的消耗更少,技术比本田通过 VCM 可变气缸管理系统所实现的闭缸更为先进。

(3)IMA 系统工况模式。本田 IMA 混合动力系统一共有 5 种工况模式,其中车辆在起步加速阶段、急加速以及高速行驶阶段发动机与电动机共同出力,可以提升车辆的动力性能。当车辆低速行驶时,发动机气缸关闭,车辆能进行全电力驱动,但速度不能高于约 40km/h。当车辆在普通加速阶段,完全由发动机驱动,电动机退出工作,并用发动机的动能进行充电。

当车辆减速制动时,发动机停止工作,车辆进行能量回收,为电池组充电。当车辆怠速时,发动机也会自动停止工作,从而降低油耗,当然,此时车辆的空调系统也将不会提供冷气,而只是送风。

①起步加速。起步时,电机辅助驱动,提供强有力的加速助力。

②低速行驶。低速巡航行驶时,发动机关闭,只依靠电机驱动。

③加速行驶。电机关闭,只由发动机驱动,以稳定的低油耗行驶。

④高速行驶。发动机驱动,电机辅助驱动,提供强有力的加速动力。

⑤减速行驶。电机将减速时多余的电能储存到电池中,发动机停止工作,降低能源消耗,提高充电效率。

⑥停车。怠速时,发动机自动停止工作,能源消耗和尾气排放降为零。

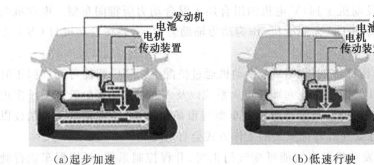

(a)起步加速

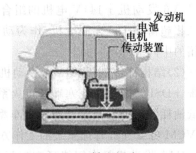

(b)低速行驶

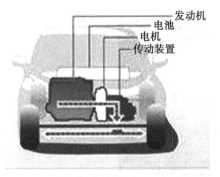

(c)加速行驶

(d)高速行驶

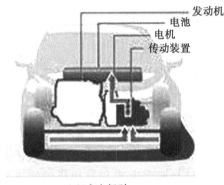

(e)减速行驶

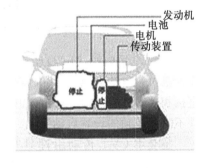

(f)停车

图 4.29　IMA 混合动力系统工作模式

3. THS 平台

(1)THS 简介。丰田的 THS 混合动力系统从初代 Prius 开始,到现在已经发展至第四代 THS-Ⅳ。THS 系统基本上用于丰田所有的混合动力汽车,包括丰田和雷克萨斯的所有混合动力车型都会使用这套系统,如 Prius、CT200h、各种双擎及 LC500H。而整套系统中的技术核心是基于 PSD 的 E-CVT 技术。到目前为止,基于 PSD 的 E-CVT 技术是丰田 THS 系统中最重要的组成部分,也是现在混合动力系统中最可靠和高效的设计。

E-CVT 系统是基于 PSD(Power Split Device)动力分配机构组成而来。PSD 即是一套行星减速齿轮组,由外齿圈、中心的太阳齿和中间围绕太阳齿转动的行星齿轮组成。一般的行星齿轮的太阳齿为主动齿,外圈为动力输出端,而中间的行星齿就是从动齿。

丰田的 THS 系统具有三个动力源,汽油发动机(ICE)通过一枚单向离合器连接中间的行星齿轮架,行星齿轮架上的齿轮组则直接和太阳齿、外侧齿圈连接。行星齿轮在行星齿轮架上自由转动。1 号电机(MG1)连接中间

图 4.30　链条式传动 THS Ⅱ

的太阳齿,2 号电机(MG2)连接外侧齿圈。两个电机在被动转时均可以当作发电机为电池充电。MG2 直接和输出终端连接,因此其转速和轮上转速直接相关。MG1 同时作为汽油机的起动机使用,因此和传统汽油机不同,并不需要单独的设置启动装置。这就是整套 E-CVT 的组成部分。

整套 E-CVT 传动组件只有一组 PSD,和传统使用钢带或者链条的 CVT 变速箱并不一样。整个变速过程,只与两个电机和发动机的转速相关。发电机、电动机和动力电池之间使用一个交直流变频器负责充放电和能量转换的控制。

其中,MG2 主要用于驱动车辆,MG1 主要用于启动 INS、发电和协调 MG2/INS 之间的转速关系,从而输出目标扭矩(即尽量让发动机的转速维持在最高能效转速范围内,约 1500～2000RPM)。整套行星齿轮减速比约是 1∶2.6,也就是 MG1 转 2.6 圈时 MG2 转 1 圈(实际过程中,引擎使用 MG1 进行充电的效率不如刹车时 MG2 作为能量回收充电效率高。而 MG1 更多是充当另外一个重要角色)。

MG2 主电机(红色部分)连接行星齿轮外框,主要负责驱动车辆和能源回收。引擎(蓝色部分)连接行星齿轮架,绿色部分为 MG1 发电机。

(2)THS 系统工况。

①发动机对电池充电。车辆处于停止状态且电池电量低时,MG2 通电,输出反向扭矩固定外圈齿,MG1 转动至发动机的最低工作转速,离合器接合,发动机点火,之后 ICE 驱动 MG1 对电池进行充电。

②起步/低速纯电行驶模式。汽车起步均由 MG2 驱动。起步之时踩下油门,MG2 通过电池取电,直接驱动车轮转动,行星齿轮架被固定,MG1 空转。

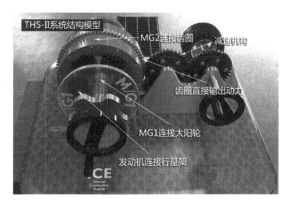

图 4.31　PSD 系统简图

③平路温柔模式。当汽车超过纯电模式的最高限速时,离合接合并启动发动机运转。此时发动机驱动 MG1 进行发电驱动电能给 MG2,MG2 驱动车辆。多余的电能会充电。

④重负载行驶模式。MG2 和 MG1 同时工作,MG2 用于驱动车辆,MG1 为电池充电。

⑤急加速模式。MG1 则作为电动机并正向旋转至最大转速,便于引擎进入 400～500r/min 的最大扭矩转速推动车身。驱动电池驱动 MG2 以最大功率推动车身前进。

⑥刹车或松油。发动机停止工作,车轮驱动 MG2 进行充电。

⑦B 档模式下刹车。车轮驱动 MG2 进行充电,同时 MG1 成为电动机,驱动引擎不点火空转进行发动机强制制动。

丰田的第一套 THS 系统到现在一共发展了四代系统(THS Ⅰ、THS Ⅱ、THS Ⅲ 和 THS Ⅳ),分别用在不同时期的车型当中。其中,作为最早投入使用的 Prius 车系一共四代都分别使用了 THS 的四代产品。

图 4.32　第一代 Prius

第一代 Prius 使用的是 THSⅠ系统,搭配 1.5L 1NZ-FXE 引擎,以 E-CVT 的方式,放弃传统变速箱结构,为混合动力带来一种新概念的变速箱理论。

第二代 Prius 使用 THSⅡ系统,E-CVT 的部分除了提高效率以外都是小调节为主,并没有太大的改动。传动依然是使用链条,引擎依然维持 1.5L 的 1NZ-FXE。不过整个运算系统和逻辑即重新计算,引擎的燃效也获得提高。

图 4.33　第二代 Prius

第三代 Prius 迎来了 THS 系统较大的变革。引擎从 1.5L 的 1NZ-FXE 改为 1.8L 的 2ZR-FXE,更大的马力和扭矩提供了更好的动力性能。THS Ⅲ 也是国内最容易接触到的丰田混合动力系统。除了第三代 Prius 和雷克萨斯 CT200H 以外,国内的雷凌双擎、卡罗拉双擎也是使用这套 THS Ⅲ 混合动力系统。

图 4.34　第三代 Prius

图 4.35　Lexux CT200H

　　THS Ⅳ 系统是目前最新的丰田混合动力系统,暂时只是使用在最新一代普锐斯上。

图 4.36　第四代 Prius

　　和上三代相比,THS Ⅳ 最大的区别在于原来的电机为串联机构,现在则变为平衡轴结构。此结构的目的不仅让整个变速箱更短,而且用这种传统减速齿轮的方式替代 THS Ⅲ 中 MG2 的行星齿轮减速结构。THS Ⅳ 系统的变速箱整体尺寸更短,部件更少,摩擦更低,整体能效上升,而且能保证对 MG1 的减速效果。

4.7　本章小结

　　本章对油电混合动力系统进行了详细的介绍,根据驱动连接方式和混合程度将油电混合动力系统进行分类,并详细介绍了各种动力系统的组成及工作原理,对不同工作模式下的机械传动与能量传递过程进行描述,进一步对不同连接方式的油电混合系统的常用控制策略进行简单的介绍,分析了各种控制策略的优缺点及适用性。介绍油电混合动力系统的平台化,对当前世界上部分车企在混合动力系统方面的研究进行归纳，介绍混合动力系统研究生产过程中较为前沿的技术，如 IMA 混合动力平台、通用 E-Flex 平台及丰田 THS 混合动力平台等。

第5章 清洁代用燃料内燃机

代用燃料内燃机的研究是内燃机研究的重要方向,内燃机的代用清洁燃料一般应具备高热值、燃烧清洁、易于燃烧控制、便于储运、来源丰富、储量大、成本满足使用要求等特点,此外代用燃料还应该对内燃机本身的改造要求较低。

完全满足这些要求的燃料并不多见,当前较为适合内燃机清洁燃烧的代用燃料主要包括天然气、甲醇、乙醇、二甲醚和氢气等。研究者对此进行了很多的研究并在实际的车辆上使用。

5.1 天然气内燃机

天然气的储量丰富,在车上的储存和应用较为方便,天然气的燃烧易于控制。其分子量较小燃烧较为完全,非常适于作为内燃机的代用燃料,因而得到了较为广泛的应用,天然气发动机的市场保有量甚至超过了1000万台。

5.1.1 天然气的储量及特性

1. 天然气概念及分类

从广义的定义来说,天然气是指自然界中天然存在的一切气体,包括大气圈、水圈、生物圈和岩石圈中各种自然过程形成的气体。而人们长期以来通用的"天然气"的定义,是从能量角度出发的狭义定义,是指天然蕴藏于地层中的烃类和非烃类气体的混合物,主要存在于油田气、气田气、煤层气、泥火山气和生物生成气中。天然气又可分为伴生气和非伴生气两种。伴随原油共生,与原油同时被采出的油田气叫伴生气;非伴生气包括纯气田天然气和凝析气田天然气两种,在地层中都以气态存在。从能源工业意义的角度来讲,天然气可以进行如下分类:

(1)常规天然气。常规天然气是指开采技术经济条件较好的天然气矿藏,分为三种:与石油伴生的油气田、与凝析油共生的凝析气田(如天然气液)和气田。前者又称为伴生气,后两者又称为非伴生气。

(2)非常规天然气。非常规天然气是指开采技术经济条件较差的天然气矿藏,分为四种:砂岩气、煤层气、页岩气和天然气水合物(又称可燃冰)。原先非常规天然气由于开采技术经济条件的低劣而受到冷落,近年来,随着常规天然气的供需矛盾的激化和价格日益上涨,非常规天然气日益受到关注,并被开采。其中煤层气的发展相对较早,开采技术相对成熟。天然气水合物的资源量巨大,据估算,全球天然气水合物中蕴藏的天然气资源总量是常规天然气的100倍之多。

(3)合成天然气。合成天然气是由其他能源转化而成的天然气,不是一次能源。甲烷气体可以通过焦炉气、煤制天然气、沼气等转化合成,这些通过能源二次转化而得到的以甲烷为主的混合气也可以归入天然气利用的范畴,统称为"合成天然气"。

2. 天然气的产储量情况

(1)天然气储量情况。2015—2016 年受油价拖累,全球油气勘探受到影响。2016 天然气剩余探明储量 $188.3×10^{12}\,m^3$,较 2015 年下跌 0.6。如表 5.1 所列,重要的储量变化包括:美国 2013—2015 年均 10% 左右的高速增长态势遭逆转,储量大幅下滑 25.8%;亚洲储量增势继续扩大,澳大利亚、缅甸和中国储量分别增长 56.7%,55.6% 和 4.8%。目前全球天然气探明储量约相当于 $1695×10^8\,t$ 油当量,天然气与石油探明储量的当量比约 0.75。

表 5.1　2015—2016 年世界天然气剩余探明储量

国家或地区	天然气剩余探明储量/$10^{12}\,m^3$		增长率
	2015	**2016**	
世界总计	1893900.4	1882537.0	−0.6%
亚洲和大洋洲	135202.9	147776.8	9.3%
西欧	29446.0	28974.9	−1.6%
东欧和独联体	597421.7	597421.7	—
中东	769165.5	762243.0	−0.9%
非洲	165258	166910.6	1.0%
西半球	201340.6	179193.1	−11.0%

注:"—"为变化小于±0.1。

如图 5.1 所示,排名前三位的国家,即:俄罗斯、伊朗和卡塔尔,总共拥有全球剩余探明天然气储量的一半以上。截至 2016 年底,中国天然气剩余

探明储量为 $5.01 \times 10^{12} \, \text{m}^3$，居世界第 10 位。

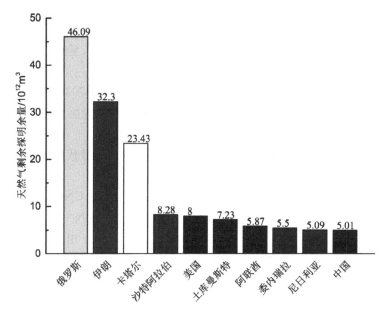

图 5.1　天然气剩余探明储量前 10 位国家图

(2)天然气产量情况。如表 5.2 所示，据统计，全球天然气商品产量为 34926 亿 m^3，经历 5 年年均 1.8% 的增幅拉动后，2016 年天然气产量增长出现停滞。气价和投资等因素影响日益突出，对价格敏感的北美和新兴市场产量增幅明显缩小，甚至出现产量下跌。受需求持续乏力影响，全球天然气产量预期的低位增长也无以为继，天然气上游开发面临较严重考验。

表 5.2　2014—2016 年全世界天然气商品产量　　单位:亿 m^3

地区	2014 年	2015 年	2016 年	增长率
北美	9205	9528	9324	−2.1%
拉美	1711	1679	1684	0.3%
欧洲	2548	2485	2453	−1.3%
独联体	7968	7921	7890	−0.4%
非洲	2087	2059	2102	−2.1%
中东	5761	5944	6077	2.2%
亚洲和大洋洲	5152	5320	5396	1.4%
世界总计	34432	34936	34926	0

注:欧洲指欧盟 28 国、挪威、瑞士、土耳其和中欧国家。

占北美地区总产量 80％的美国,在经过 10 年的强劲增长后,产量下挫 2.2％,由于低气价影响,页岩气产量较 2015 年增幅仅 3％,常规气产量更是大幅滑坡。另外,亚洲和中东地区作为另外两个新兴的产量增长区,2016 年产量增幅也出现一定程度下滑。亚洲—大洋洲地区产量较 2015 年仅增 1.4％,东南亚国家产量普遍下滑。

2016 年,世界前 10 大天然气生产国共产天然气 23793 亿 m^3,占世界总产量的 68％。美国和俄罗斯仍是全球最主要的天然气生产国,贡献了全球约 39％的天然气商品量。

(3)车用天然气的分类。天然气是一种重要的汽车替代能源,车用天然气可分为:压缩天然气、液化天然气和吸附天然气。

1)压缩天然气(Compressed Natural Gas,CNG)。CNG 是指压缩到 20.7～24.8MPa 的天然气,储存在车载高压气瓶中。CNG 是一种无色透明、无味、高热量、比空气轻的气体,主要成分是甲烷,由于组分简单,易于完全燃烧,加上燃料含碳少,抗爆性好,不稀释润滑油,能够延长发动机使用寿命。

CNG 作为一种气体燃料,与空气混合更均匀,燃烧更加充分,排放的 CO、HC 等有害物质更少;天然气燃烧后没有积炭,可减少发动机磨损,维护保养费用低;天然气发动机改装简单,特别是用汽油机改装的双燃料发动机,因性价比极高,使用广泛;此外更重要的一点是,行驶同样公里数,天然气汽车的燃料费用要远低于柴油或者汽油机,经济效益非常高。

2)液化天然气(Liquified Natural Gas,LNG)。LNG 是指常压下、温度为 −162℃的液体天然气,储存于车载绝热气瓶中,因为两层瓶壁之间为高度真空,所以能达到较为理想的绝热。液化天然气燃点高、安全性能强,适于长途运输和储存。液化天然气含杂质较少,存储液化天然气所使用的气瓶也比压缩天然气气瓶轻得多。但是,这种气瓶目前成本较高,而且在使用过程中还存在着漏气现象。另外,还得建立高产能的天然气液化工厂。

3)吸附天然气(Adsorbed Natural Gas,ANG)。ANG 是指在 3.5MPa 压力下把天然气吸附在多孔活性炭中,汽车的排放情况最好。而且,气瓶压力降低能减少能耗及压缩时有害废物的排放。这种多室非圆形气瓶用铝合金制成,能较方便地安装到汽车上。

压缩天然气体积能量密度约为汽油的 26％,而液化天然气体积能量密度约为汽油的 72％,是压缩天然气的 2.77 倍,因而使用 LNG 的汽车行程远,大大减少了汽车加气站的建设数量。与同功率的燃油车相比,天然气汽车尾气中 HC 可下降 60％,CO 降低 80％,NO_x 下降 70％;天然气在温室气体减排方面具有显著的优势。国外研究结果表明,天然气汽车的 CO_2 排放量与传统车相比可降低 20% 以上。目前广泛应用的天然气汽车是采用以 20MPa 压力存储压缩天然气的压缩天然气汽车。

（4）车用天然气的特点及理化性质。天然气作为汽车代用燃料，具有以下特点：

1）相对环保。从图 5.2 排放量贡献率来看，燃气汽车的排放污染远远低于汽油、柴油车辆。天然气作为车辆燃料，环保效益非常明显。作为清洁能源的 CNG/LNG 仍然是世界汽车代用燃料的主流，在优化能源结构和节能减排方面都具备可持续发展的长远优势。

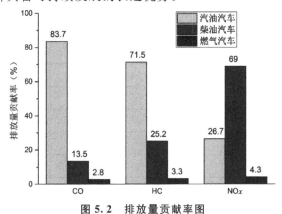

图 5.2　排放量贡献率图

2）易存储。表 5.3 是几种常见燃料的物理化学性质，由表中数据可以看出天然气密度最小、极易散逸；自燃点高，达到 700℃，是所有燃料中最高的；其爆炸极限也很高，在自然条件下，不易形成爆炸混合物，相对比较安全。

表 5.3　几种常用燃料的物化性质

	天然气（甲烷）	液化石油气		汽油（90 号）
		丙烷	丁烷	
H/C 原子比	4	2.67	2.5	2～2.3
密度（液相）/(kg/m³)	424	528	602	700～800
密度（气相，标准状态）/(kg/m³)	0.715	2.02	2.598	

（续表）

	天然气（甲烷）	液化石油气		汽油（90 号）
		丙烷	丁烷	
分子量	16.043	44.097	58.124	96

沸点/℃		-161.5	-42.1	-0.5	$30\sim90$
凝固点/℃		-182.5	-187.7	-138.4	
临界温度/℃		-82.6	96.7	152	
临界压力/MPa		4.62	4.25	3.8	
汽化热/(kJ/kg)		510	426	385	
比热容(液体、沸点)/[kJ/(kg·K)]		3870	2480	2306	
比热容(气体)/[kJ/(kg·K)]		2.23	1.67	1.68	
气/液容积比(15℃)		624	273	230	
理论空燃比	质量比	17.25	15.65	15.43	14.8
	体积比	9.52	23.81	30.95	8.586
高热值/(MJ/kg)		55.54	50.38	49.55	
低热值/(MJ/kg)		50.05	45.77	46.39	43.9
辛烷值		130	111.5	95	92
自燃点/℃		700	450	400	300
着火极限/%		$5\sim15$	$2.2\sim9.5$	$1.9\sim8.5$	$1.3\sim7.6$
火焰传播速度/(cm/s)		33.8	38	37	$39\sim47$
火焰温度/℃		1918	1970	1975	2197

3)资源丰富。根据国研中心 2015 年资料,中国气层资源蕴藏量为 238.8 万亿 m^3,其中可开采的资源量为 75.87 万亿 m^3,按年消费量 3600 亿 m^3 计算可用 210 年。

4)着火界限宽。天然气与空气形成的可燃混合气有较宽的着火界限。按照体积百分比,混合气可在 5%～13.9% 的范围内改变混合比。基于天然气的这种优点可以采用稀薄燃烧技术,以进一步提高汽车的经济性和环保性。

5)抗爆震性能高。天然气的主要成分是甲烷(CH_4),按照研究法,CH_4 的辛烷值为 130,有很强的抗爆震性能。天然气的许用压缩比可达 15,因此专门的天然气发动机可以设计成很大的压缩比,以获得较高的热效率。

6)低热值相差数。与汽油和柴油相比,天然气低热值略高,但相对分子质量较小,所以理论上混合气热值较低,且随着 CH_4 含量的增加,低热值相差也越来越大。

(5)我国天然气汽车发展的有利条件。尽管目前我国在推广天然气汽车方面还存在国家政策层面、价格因素和市场方面的诸多问题,但是,就基本面来分析,确实拥有不少可以支撑天然气汽车发展的有利条件。

1）天然气供应能力十分充足。我国天然气产量 2015 年已达 1350 亿 m^3，2020 年将达 1850 亿 m^3。其中非常规天然气：2020 年页岩气产量将达 300 亿 m^3，煤层气将达 300 亿 m^3，煤制气将达 180 亿 m^3。

中亚天然气 2015 年输气能力已达 550 亿 m^3，2017 年供气能力将达 800 亿 m^3。其中仅土库曼斯坦到 2021 年，每年将向我国供气 650 亿 m^3；中缅管道气将在"十三五"期间达到 120 亿 m^3/年的输气规模。中俄东线管道气的输气规模为 180 亿 m^3/年。我国沿海 12 个 LNG 接收站 2015 年接收能力达 4080 万 t（约 571 亿 m^3）。

特别值得一提的是，首家民营企业新奥燃气的舟山接收站已开建，年接收能力为 300 万 t（42 亿 m^3），已于 2018 年 6 月投产。

因此，到 2020 年，我国天然气供应能力达到 4000 亿 m^3 甚至 4200 亿 m^3 均无问题。

2）低价天然气将常态化。2017 年第一季度，世界天然气平均价格为 2.25 美元/百万英热单位。北美州 1.7 美元/百万英热单位，为 2017 年最低。印度 2017 年 3 月 7 日从卡塔尔进口的 LNG 价格仅为 4.2 美元/百万英热单位（约合人民币 0.96 元/m^3）。国际能源署认为，天然气低价位可维持 10 年。

3）天然气天花板价与成品油地板价相继出台。2015 年 11 月 20 日出台发改委关于天然气调价政策，从 2016 年起，门站基准价可以调 20％，下不封底，此即为天然气的天花板价格。

2016 年 1 月 13 日，发改委出台成品油的地板价政策：当国际市场原油价格低于 40 美元/桶时，国内成品油价格不再下调。

实际价格走向是：油价缓慢上升概率较大，而天然气价格还有下降空间。

4）能源结构调整任务的倒逼作用。目前，世界天然气在一次能源中的占比约为 24％；中国仅为 6％，且不均衡，川渝地区达 15％，北京更是高达 22％（可惜很少用作汽车燃料，其天然气汽车占比尚不到千分之二，全国为 3‰）。

国家规划 2020 年天然气占比达 10％以上；而目前华北地区煤炭占比近 90％。国家规划 2025 年天然气占比达 12％以上，2030 年天然气占比达 15％以上。毋容讳言，我国《天然气发展"十二五"规划》7.5％的占比目标就没有完成。若无重大举措，"十三五"规划的 10％占比目标也很难完成。其实，大力发展天然气汽车就是一个事半功倍的举措。

5）雾霾治理的倒逼作用。污染环境的因素是多方面的，但是主要污染源来自燃油汽车、动力设备的废气排放和高耗能企业的废气排放。众多省份和城市在治理雾霾措施中均提到采用清洁燃料汽车，加速淘汰黄标车。

就全国而言，$PM_{2.5}$成因中煤炭排放占比61%，为第一位；北京机动车排放占比36%，为第一位；上海机动车排放占比25%，为第二位。据清华大学实测，天然气汽车与燃油汽车相比，$PM_{2.5}$排放量减少93%。

6）高标号成品油强势推出，必将有利于"油气比价"进一步合理化。能满足国五排放标准的柴油已于2017年5月1日在我国东部十多个省、市推出，年底将在全国推行。油价将自然升高，油气价差相应拉大，这也有利于推广天然气汽车。

7）天然气汽车技术创新势头良好。国家为推广天然气汽车，制定了新标准，组织实施了一系列新材料、新技术攻关，如"单燃料CNG轿车开发""重型LNG商用车开发""重型载货专用CNG发动机产品开发""缸内直喷LNG发动机产品开发"。掌握了增压中冷、稀薄燃烧等一批关键技术，天然气发动机术水平得到全面提升。

5.1.2 天然气汽车概况

1. 天然气汽车发展

早在100多年前，天然气很早就被作为发动机的燃料，石油等化石燃料出现后，天然气就逐渐退出了发动机燃料的舞台，但近年来，石油短缺问题和环境污染问题日益严重，CO_2造成全球变暖，世界各国重新认识到天然气的清洁性和环保性，很多国家和地区积极发展天然气汽车，如阿根廷、巴西等国家先后开始了天然气车辆的发展项目，同时政府也制定了相应的鼓励天然气汽车发展的政策。

根据国研中心2015年资料，中国气层资源蕴藏量为238.8万亿m^3，其中可开采的资源量为75.87万亿m^3，按年消费量3600亿m^3计算可用210年。我国天然气汽车发展速度比较快，截至2015年底，我国天然气汽车总保有量达到519万辆，天然气汽车加气站总量为7400多座，继2014年之后继续蝉联世界第一。但目前我国天然气发动机技术水平比较低，与国外相比还存在很大的差距，因此我国不仅要引进国外先进技术，更要提高自主研发能力，从而促进我国天然气发动机的应用和发展。

近年来，世界上众多国家例如美国、德国、日本、韩国、泰国等相继制定了天然气作为汽车动力应用的发展规划。我国也相继制定了鼓励天然气作为汽车动力的政策，在新能源汽车的发展方面做了很大的努力，并取得了一定的效果，天然气在城市公交、出租车上得到了广泛的应用。1999年，我国启动了"空气净化工程清洁汽车行动"，随后启动了北京、上海、重庆、四川等12个示范城市和地区,2005 年示范城市和地区扩大到 19 个,2006 年国家再次启动"节能与新能源汽车"高科技计划。中国的天然气汽车进入了快速发展期。

目前我国大多数 CNG 加气站都是选用国产设备。加气站净化装置、储气装置、压缩机和加气机等全部实现国产化。国产设备的总体市场份额在 90%以上,部分产品达到 100%。国产设备具有价格低、配件供货期短、现场服务快、日常维护成本低等优势。CNG 汽车技术也实现国产化,国内汽油/CNG 双燃料汽车改装已完全实现国产化,汽油、柴油/CNG 双燃料和 CNG 单燃料原产车也已实现国产化。上柴股份、东风汽车、上汽依维柯等开发的天然气电喷发动机已成功地在内蒙古鄂尔多斯运煤专线、城市客车上应用,运行车辆超过 100 辆。东风爱丽舍、一汽捷达、奇瑞、夏利等双燃料 CNG 轿车已在很多城市行驶。CNG 汽车的大量普及带来了广泛的社会效益。

天然气发动机诞生到现在已经有 100 多年的历史,其发展速度非常缓慢,直到近二十年,天然气汽车才得到快速发展,技术及性能有了显著的提高,技术的发展大致可以划分为三个阶段:

第一代天然气发动机技术相对比较简单,只是在传统发动机上加装一套燃气供给装置,并不改变原有的燃烧系统,采用机械控制混合器调节燃气供给量,没有电控系统和尾气后处理装置。因此其排放水平很低,还不能达到欧 I 标准。

在第一代的基础上,发展了天然气发动机的第二代技术,第二代技术采用了电控技术以实现闭环控制,使得天然气发动机的排放性能有所改善。但这种技术方案只能达到欧 II 排放法规的要求。

第三代技术采用了闭环电控喷射技术,还应用了三元催化器,其排放可达更高的要求。但随着更高标准的排放法规出现,搭载原有发动机的天然气汽车已不能达到排放法规的要求。

随着国家排放法规的不断严格,原来的天然气发动机的控制技术已经无法达到国 V 和国 VI 排放标准。天然气发动机当前面临的主要问题是功率密度较低、后燃严重以及 HC 和 NO_x 排放的折中,需要进行一步的研究。

2. 天然气汽车的优缺点

天然气以其独特的优点在短期内得到迅猛的发展,其主要优点如下:

(1)天然气汽车是清洁燃料汽车。天然气汽车的排放污染大大低于以汽油为燃料的汽车,尾气中不含硫化物,一氧化碳降低 80%,碳氢化合物降低 60%,氮氧化合物降低 70%。因此,许多国家已将发展天然气汽车作为一种减轻大气污染的重要手段。

（2）天然气汽车有显著的经济效益。

①可降低汽车营运成本，目前天然气的价格比汽油和柴油低得多，燃料费用一般节省50％左右，使营运成本大幅降低。

②可节省维修费用，发动机使用天然气做燃料，运行平稳、噪声低、不积炭，能延长发动机使用寿命，不需经常更换机油和火花塞，可节约50％以上的维修费用。

（3）比汽油汽车更安全。首先与汽油相比，压缩天然气本身就是比较安全的燃料。这表现在：

①燃点高。天然气燃点在650℃以上，比汽油燃点（427℃）高出223℃，所以与汽油相比不易点燃。

②密度低。与空气的相对密度为0.48，泄漏气体很快在空气中散发，很难形成遇火燃烧的浓度。

③辛烷值高。可达130，比目前最好的96号汽车辛烷值高得多，抗爆性能好。

④爆炸极限窄。仅5％～15％，在自然环境下，形成这一条件十分困难。

⑤设计上考虑了严密的安全保障措施。对高压系统使用的零部件，安全系数均选用1.5～4以上，在减压调节器、储气瓶上安装有安全阀，控制系统中，安装有紧急断气装置。

但是天然气汽车自身也有一定的缺陷，主要表现在：

（1）输出功率略有降低。对于在原有发动机的基础上加装燃气喷射器改装得到的双燃料发动机，由于发动机的压缩比和燃烧室的结构等没有改变，当发动机燃用天然气时，发动机的功率将不可避免地降低5％～15％。发动机的功率下降，不仅与天然气燃料有较大的分体积、较低的化学计量热值、较小的机械效率有关，而且还与天然气发动机要更多地加热混合气有关。

（2）行驶距离短。由于气体燃料的能量密度低，天然气汽车携带的燃料量较少，行驶里程较汽油车短。

（3）供气体系建设困难。天然气是气态燃料，不容易储存和携带。为此，需要加压或液化以便装瓶，还需要建造比汽、柴油加油站投资都大的加气站，在加气站比较缺乏的地区，加气比较困难。

（4）车辆重量增加。由于目前的天然气汽车是在原来的汽、柴油车的基础上改装的，原来汽、柴油机的燃料系统大多保留。因此，要在原汽车增加天然气燃料系统，特别是气瓶使原来的汽车后备箱的有效使用空间减少，本身的自重也增加。

3. 天然气汽车的结构和工作原理

压缩天然气、汽油两用燃料汽车(简称 CNG 汽车),是采用定型的汽油汽车改装,在保留原车供油系统的基础上,增加一套"车用压缩天然气装置",可燃用压缩天然气,也可燃用汽油,油气两种燃料转换非常方便。加装后应保持车辆的动力性能降低不大于 5%,排放性能远优于原先的汽油车,而车辆的驾驶性能与加装前无异。由于压缩天然气汽车使用最为广泛,下面对"车用压缩天然气装置"的结构组成进行简要介绍。

压缩天然气汽车主要由以下三部分组成:天然气储气系统、天然气供给系统、油气燃料转换系统。天然气储气系统主要由充气阀、高压截止阀、天然气储气瓶、高压管线、高压接头、压力传感器及气量显示器等组成。天然气供给系统主要由天然气滤清器、减压调节器、动力调节阀、混合器等组成。油气燃料转换系统主要由油气燃料转换开头、天然气电磁阀、汽油电磁阀等组成。

(1)车用压缩天然气装置工作原理。目前,我国在用的 CNG 汽车,有机械控制式和机电控制式两大类,"NCNG 型车用压缩天然气装置"属于后者,是国内外使用最多的,并较为先进的一种装置。下面重点介绍该装置的结构原理,同时也介绍相关的其他类型装置。

NCNG 型车用压缩天然气装置工作原理图如图 5.3 所示。

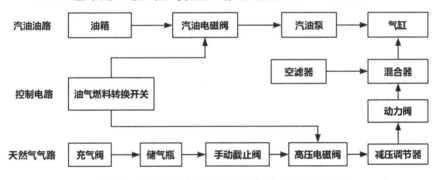

图 5.3　NCNG 型车用压缩天然气装置工作原理图

该系统分天然气气路、汽油油路和控制电路三大部分。

充气站将压缩天然气,通过充气阀充入储气瓶至 20MPa。当使用天然气作燃料时,手动截止阀打开,安装在驾驶室内的油气燃料转换电开关,汽油电磁阀关闭,储气瓶内的 20MPa 高压天然气通过高压管路进入减压调节器减压。该减压调节器装置为三级组合式结构,可将不高于 20MPa 的压缩天然气逐级减压至负压,再通过低压管路、动力阀进入混合器,并与经空气滤清器进入的空气混合,经化油器通道进入发动机气缸燃烧。

如今化油器已经很少在汽车上使用,在微机控制的燃气供给系统中,燃气经过减压器流至燃气导轨,并到达燃气喷嘴,经燃气喷嘴进入发动机进气管再进入发动机燃烧。混合器是一个根据文丘里管原理设计的部件,可将发动机进气道的真空度传递到减压调节器内,直接调节天然气的供给量。减压调节器与混凝合器相匹配,根据发动机的各种不同工况产生不同的真空度,自动调节减压调节器的供气量,并使天然气与空气均匀混合,满足发动机不同工况的使用要求。动力阀是一个调节天然气管道截面积的装置,可调节混合气的空燃比,使空燃比达到最佳状态。

油路中安装一个汽油电磁阀,其余部件均保留不变。当使用汽油作燃料时,驾驶员将油气燃料转换开关扳到"油"的位置,此时天然气电磁阀关闭,汽油电磁阀打开,汽油通过汽油电磁阀进入化油器、并吸入气缸燃烧。当使用天然气作燃料时,驾驶员将油气燃料转换开关扳到"气"的位置,此时天然气电磁阀打开,汽油电磁阀关闭,天然气吸入气缸燃烧。燃料转换开关有三个位置,当拨到中位时,油、气电磁阀均关闭,该功能是专门用来由汽油转换到天然气时,烧完化油器油室里残存汽油而设置的,以免发生油气混烧现象。有的 CNG 汽车用晶体管电动油泵代替汽油电磁阀,其性能基本相同。

机械控制式系统与本系统相比,其区别在于未安装电磁阀及油气燃料转换开关,燃料转换时要操作手动截止阀,操作性能和安全性能均较差。

由微机控制的闭环气路供给系统,其工作原理是,在发动机进排气管中安装温度、排放物成份、压力、流量等传感器,微机接受各传感器信号后,及时校正供气系统的流量、压力及供气和点火时间,从而达到最佳的动力性、经济性及最低的排放污染物。

(2)主要部件的结构和工作原理。

1)充气阀。充气装置有插销式和卡口式两种,我国标准已统一为孔径 12mm 的插销式充气阀,如图 5.4 所示。插销式充气阀内部结构为单向阀结构,外端为与加气枪连接的接口,内端为与充气管路连接的接口。该阀设置手动截止阀与之串联,充气后将截止阀关闭,具体见表 5.4。插销孔内的防尘塞有排气螺塞,截止阀一旦漏气,防尘塞可起到密封作用,如要拔出防尘塞,则可先打开排气螺塞泄压。

图 5.4 充气阀

表 5.4 插销式充气阀

插销式充气阀 （口径 12mm）	手动双向截止阀	充气完毕后,关闭阀门,罩上防尘罩,防止灰尘、杂物进入
	单向阀	充气时单向进气,不反溢气体

2)储气瓶。天然气储气瓶有钢质瓶、铝合金轻质瓶和由内胆加碳素纤维或玻璃丝增强纤维缠绕的复合材料瓶。我国目前主要使用钢质气瓶,该瓶生产成本较低,安全耐用,但容重比大,重量大。复合材料瓶最大的优点是容重比小、重量轻,但生产成本高,价格贵,该瓶是今后 CNG 汽车储气瓶的发展方向。

①天然气钢瓶。目前,钢瓶由两种生产工艺制造,一种为无缝钢管两端收口,尾部一般为凸状,另一种是由钢坯直接冲压而成,尾部一般为凹状。标准规定,天然气钢瓶必须由经省级主管部门和国家劳动部锅炉压力容器安全监察局批准的钢瓶设计单位和制造单位设计和制造,质量符合 GB5099 标准。材料一般选用 30CRMO 高强度优质钢。车用钢瓶额定工作压力为 20MPa,产品出厂时,每件均进行 1.5 倍额定工作压力的水压试验,气密性试验及内外表面缺陷检验,每批产品均进行材料的拉力,冲击韧性,硬度试验,金相组织检查,水压爆破等试验,合格后才能出厂。钢瓶在鉴定时,已进行过充气状态下的火烧、撞击、枪击、爆炸等特种试验,因此,天然气钢瓶是安全可靠的。

我国目前生产的钢瓶主要规格如表 5.5 所列。

表 5.5　钢瓶规格

水容积/L	外圆直径/mm
30、35、40、45、50、60、70、80、100、120、135	219、229、273、299、325

②瓶口装置。瓶口装置由进气口、出气口、手动截止阀和安全装置四部份组成。

进气口为 ZW27.8 锥螺纹、锥度 3∶25,14 牙/吋(螺距 1.814mm)。出气口为 G5/8 英寸(左)外螺纹连接,60°锥面密封。特别注意的是,天然气为可燃气体,因此标准规定连接螺纹为左旋(即反扣)。手动截止阀的作用是在必要时关闭气瓶与高压管线间的通道。安全装置有膜片式和膜片与易熔合金复合式两种。当遇到意外时,高温将易熔合金熔化,高压将膜片爆破,气瓶内的高压天然气泄放,以保护气瓶。易熔合金熔化温度为 100±5℃,膜片爆破压力为 1.2～1.6 倍额定充气压力。

3)高压管线及高压接头。高压管线采用不锈钢无缝钢管或其他车用高压天然气专用管线。我国目前采用的是 φ6 或 φ8 的 1CR18NI9TI 不锈钢无缝钢管。高压接头采用卡套式管件,它由接头体、卡套和压紧螺母三部分组成。

4)减压调节器。减压调节器是 CNG 汽车核心和关键部件,它的性能好坏,直接影响整车的性能。该装置按结构分为组合式和分体式两种,NC-NG 型减压调节器为三级组合结构,装置完善,功能齐全。该部件设置有以下机构:一级减压阀、二级减压阀、三级调节阀、高压电磁阀、怠速电磁阀、天然气滤清器、安全阀、加温装置、动力阀和压力传感器。20MPa 高压天然气经一级减压后压力为 0.35～0.4MPa,二级减压后压力为 0.15～0.19MPa,三级调节后压力减为负压。

下面将分别介绍各机构的结构和工作原理。

①一级减压阀。一级减压阀为常开式减压阀,主要由阀座、阀芯、通杆、膜片、弹簧、减压室等部分组成。

该阀在未通入高压气体时,在压力弹簧的作用下,使膜片向下运动,带动杠杆转动,使阀芯与阀口保持一定间隙,阀口处于常开状态。当通入高压气体时,减压室的压力逐步增高,达到额定输出压力时,气体作用在膜片下方的压力克服弹簧的弹力,使膜片向上动作,从而带动杠杆转动,使阀口关闭。当减压室的气体向三级阀输出后,压力降到额定输出压力以下,在压力弹簧的作用下又使阀口打开,如此反复,使减压阀在保证流量的基础上,出口压力稳定在一个数值内。该阀压力弹簧设计为不可调节式,如要调节出口压力和流量,可调节杠杆上的调节螺钉或更换压力弹簧。一般阀口间隙保持在 0.5~1mm 左右。测试压力时,可将安全阀拆下,装上压力表接头和压力表即可。根据车型,压力可调到 0.3~0.4MPa。

②二级减压阀。二级减压阀的原理与一级减压阀相同,也属于常开式减压阀,其不同点在于压力弹簧为扭簧,可调节式,根据不同的车型,出口压力调节到 0.15~0.19MPa。另一个不同点是,杠杆为不可调节式,阀芯可微调,其调节目的是调节阀口的吃合线,保持良好的密封性能。测试压力时,可将二级出口管堵头拆出,装上压力表接头和压力表即可。

③三级调节阀。三级调节阀为常闭式阀,当阀室内真空度为零时,在压力弹簧的作用下,阀口处于关闭状态。当阀室处于负压时,由于膜片上方与大气相通,膜片两边出现压力差,膜片向阀里运动,带动杠杆克服弹簧压力,使阀口打开供气。当减压室负压减小时,在压力弹簧作用下,阀口又处于关闭状态。如此反复,就使减压阀出口压力稳定在一个数值内。该阀的压力弹簧可通过手柄调节,天然气的流量完全由发动机真空度调节,因而能满足发动机各种工况的供气量。

④高压电磁阀。在一级减压阀之前,设置有高压电磁阀,以控制供、断天然气。由于高压电磁阀的控制最高压力为 20MPa,并要保证最大流量 $40m^3/h$,如直接关闭,则需要很大的电功率,所以该阀设计为先导式二位二通常闭式电磁阀,电功率为 16W,工作电压为 DC12V。如图 5.5 所示,该阀由电磁线圈、阀芯套筒、回位弹簧、电磁阀芯、连接销、先导阀及阀座等几部分组成,这种阀与常规的电磁阀不同之处在于增加一个先导阀。先导阀套装在电磁阀芯上,通过销子连接为一体,先导阀销孔比销子直径大,因而两者间存在相对运动,先导阀中心有一个小孔,能使电磁阀的高压室与低压室相通,先导阀下端装有 O 型密封圈,电磁阀芯下端有密封胶垫。在电磁线圈未通电时,电磁铁芯在回位弹簧的作用下,将先导阀的小孔密封,继而推动先导阀将 O 型密封圈坐落在阀座上,通道全部关闭。当电磁阀通电时,由于电磁铁的磁力较小,不能直接把主通道打开,只能先打开先导阀的小

图 5.5 高压电磁阀

孔,这时高压腔的高压气通过小孔流到低压腔,使高低压腔差减小,然后电

磁铁芯通过连接销,将先导阀一起提起,打开主通道。该阀性能的好坏,直接影响整个装置的运行,而电磁铁和先导阀又直接影响该阀的性能,因此应特别注意该阀的装配质量。

⑤怠速电磁阀。由于三级阀是常闭式,在发动机不运转时,三级阀关闭,发动机起动和怠速运转时,真空度较小,无法打开三级阀,因而设置了一套供发动机超支和怠速供气的怠速电磁阀。

该阀为常闭式二位二通电磁阀,功率14W,工作电压DC12V,由电磁线圈、电磁阀套筒、电磁阀芯、调节手柄总成和怠速气管等组成。怠速电磁阀由二级减压阀直接供气,输出的天然气由怠速管流入减压阀低压出气管。当电磁阀未通电时,在回位弹簧的作用下,电磁铁芯将阀座孔关闭。当电磁线圈通电时,阀芯产生磁力,克服回位弹簧弹力,使阀座孔打开通气。

起动、怠速的供气量,可由调节手柄改变阀芯的运动行程而调节,其方法为先将调整螺栓旋到底,然后倒退1～1.5圈即可。

⑥动力阀。动力阀又称动力调节阀,安装在减压调节器总成的低压通气管上,结构如图5.6所示。调节螺钉的深浅可调节通气道的横截面积。由于空气通道的横截面积不变,改变天然气通道横截面积,则可调节混合器中燃气与空气的比例,简称空燃比。从理论上分析,空燃比达10：1最理想。具体调节方法是:调整螺钉深浅,在发动机废气测试仪上,测出最大扭矩时,排气中CO含量为1～1.5%即可。

图5.6 动力阀

⑦安全阀。为了保证减压调节的安全,在一级减压阀的减压室安装有弹簧式安全阀。按标准规定当压力大于额定输出压力1.3倍,即0.52MPa时,安全阀将自动排气泄压。

⑧加温装置。由于一级减压阀减压比高达50：1,流量最大达到

$40m^3/h$,因此气体膨胀吸热严重,如果不设置加温装置,减压阀将大量结霜,直至结冰,降低机械性能,减少部件的使用寿命,同时也可能产生管道冰堵。减压阀上的加温装置为一水道,发动机冷却系统的循环水,通过软管引入减压调节器进行加温,结构简单,性能可靠。安装时注意,应使循环水进出口的压力差尽量大。

5)混合器。为与减压调节器相匹配,混合器设计为文丘里管结构。根据发动机化油器和空气滤清器型号的不同,混合器可选用盘式、筒式等多种样式,但不管哪种样式,混合器均安装在空滤器与化油器之间,其工作原理基本相同。该混合器由壳体和芯子两部份组成,芯子喉径最小处均匀分布一圈小孔,壳体上有天然气进气道,其结构如图5.7所示。

图 5.7　混合器

这种混合器一方面要使喉管处产生真空度来调节减压调节器的天然气流量,另一方面又要将天然气与空气均匀混合。该混合器结构虽然简单,但其设计参数直接影响发动机的性能,混合器喉径过大,真空度小,不灵敏;过小,吸入空气量少,影响空燃比,发动机功率下降。通气小孔总截面积应与天然气进气道截面积相匹配。按标准规定,混合器安装后,各连接处不得有窜漏现象,使用汽油燃料时,安装混合器后影响过大,就得重新改变混合器参数。值得注意的是,安装混合器芯子时,圆弧端应朝向空气滤清器,圆锥端应朝向化油器,不可装反。

6)汽油电磁阀和晶体管电动燃油泵。汽油电磁阀是一个二位二通常闭式电磁阀,安装在汽油滤清器和汽油泵之间,由燃料转换开关控制,当使用天然气时电磁阀将油路切断,使用汽油时将油路打开。该阀工作电压为DC12V,功率为12W。汽油电磁阀上还有一个手动开关,旋转手动开关能使汽油电磁阀处于常开状态,不受燃料转换开关控制,主要在长期使用汽油时使用。

晶体管电动燃油泵可代替汽油电磁阀,安装在汽油滤清器和化油器之间,它由燃料转换开关控制,不仅可以控制油路的通断,还可以代替机械汽油泵。

7)燃料转换开关与气量显示器。燃料转换开关控制汽油和天然气的通断,同时开关上还集成有气量显示器,如图 5.8 所示。燃料转换开关上有四根导线,红色线接 12V 电源,黑色线搭铁,绿色线接汽油电磁阀或晶体管电动燃油泵,蓝色线接减压调节器上的高压电磁阀和怠速电磁阀。轻触开关,手动选择用油、用气以及油气自动转换状态控制。且开关芯片程序对各状态有自动记忆功能,使汽车每次起动时与上次状态相同。接通电源后开关的右下角指示灯为用油状态,左下角指示灯亮表示系统处于用气状态,左下角指示灯亮闪烁表示用气未接通,此时还是用油。

气量显示器用来定性指示气瓶剩余气量的多少,如图 5.8,开关上部有 4 只绿灯和 1 只红灯,全部绿灯亮表示已充满气,熄一个绿灯表示已用约 1/4 气量,若只有红灯亮,表示气快用完,应加气了。气量显示器的显示灯可通过调整传感器上的滑移电位器进行调节。

图 5.8　转换开关

8)燃气 ECU。燃气 ECU 主要由输入部分、控制器和输出部分组成,如图 5.9 所示为某一款天然气汽车 ECU。输入部分主要是输入原车喷油信号和各类传感器信息;控制器对输入信息进行运算和处理,输出喷气信号;输出电路主要包括喷气嘴及其驱动电路,喷气嘴根据喷气信号来控制天然气的喷射时间和喷射周期。

图 5.9　燃气 ECU

9)共轨喷射器。在气体燃料发动机的电控喷气系统中,最关键的装置之一是气体喷射器,它的性能优劣直接影响燃料的喷射质量,从而影响发动机的性能。气体喷射器与汽油喷射器的最大差别是其需要较大的流通截面,以保证大气流的通过能力;另外,不同于液体燃料本身具有一定的润滑和密封作用,其正常使用寿命是气体喷射器面临的一个严重挑战。如图5.10 所示为某款天然气汽车共轨喷射器。

图 5.10　燃气共轨喷射器

根据发动机的工作工况,一般对气体燃料喷射器的要求主要包括以下几点:合适的气体供给压力;满足发动机动力性、经济性和排放要求的气体流量及相应的流量特性;合适的电磁阀的线圈电压、功率;阀体开关响应时间短,良好的动态响应特性;良好的安全性、可靠性和耐久性。

为了方便燃气汽车的安装,一般把多个燃气喷射器固定在一个统一的燃气分配架上,这时我们把燃气喷射器称为燃气共轨喷射器,简称燃气喷轨或燃气共轨。

4. 天然气燃料对于发动机的影响

天然气汽车在使用中仍然存在一些问题,其中最为突出的是天然气发动机功率下降、发动机腐蚀与早期磨损的问题。

(1)汽车在使用天然气作燃料时,功率一般要下降 15% 左右,个别时候下降更多。功率下降的结果,一方面导致汽车重载、爬坡或加速时动力不足,另一方面导致燃料消耗相对增加,并增加污染物排放量。

天然气导致发动机功率明显下降的原因在于燃料本身的特性和发动机的构造。在燃料性质方面,汽油是液体燃料,而天然气是气体燃料。使用汽油时,液态汽油的体积与进气体积相比几乎可以忽略不计,但用天然气作燃料时,燃料本身的体积在整个进气中占有较大比例,因此导致进入气缸的空气量减少,充气系数下降,从而导致发动机功率下降。在发动机构造方面,决定发动机功率的主要因素是发动机的压缩比,压缩比越大,热效率越高,有效功率就越大。同时,压缩比越大,发动机爆震的倾向也越大。因此,发动机压缩比还必须与燃料的抗爆性相适应。汽油的抗爆性决定了汽油机的压缩比不可能太大，但天然气的抗爆性很好，完全可以用于压缩比较大的发动机，从而提高其功率。天然气汽车的应用还处在起步阶段，天然气的供应远不像汽油那样普及，在这种情况下，专门设计的天然气发动机汽车很难推广。目前投入运行的天然气汽车大多是两用燃料汽车，既可以用天然气，也可以用汽油。这种两用燃料汽车为了兼顾使用汽油的需要，压缩比提高较小或者没有提高。因此天然气高抗爆性的特性并未得到充分发挥，导致发动机功率下降。

(2)发动机腐蚀与早期磨损的问题明显。汽车以天然气作燃料时，发现燃烧室部件明显腐蚀，甚至曲轴也出现腐蚀，气门、活塞环和气缸磨损严重，与使用汽油时相比，汽车大修期通常要缩短 $1/3\sim1/2$。

天然气汽车出现腐蚀和早期磨损的原因是由于天然气中含有微量硫化合物，引起气缸、气缸壁的腐蚀与磨损，使发动机动力下降，使用寿命缩短，汽车大修期缩短。

上述问题的解决措施主要如下：

(1)提高充气系数。充气系数下降是导致天然气汽车功率下降的重要原因，从理论上讲，提高充气系数是提高功率的一种途径。但充气系数下降是由天然气本身的性质所决定的，从燃料方面显然无法解决这一问题，唯一的解决办法是采取进气增压措施。但进气增压无疑会加大发动机的体积和质量，在实施中存在一定难度。

(2)适当提高发动机压缩比。天然气的辛烷值很高，抗爆性非常好，如果直接在汽油机上使用天然气，就不能充分利用天然气的这种优点，提高发动机功率。如果将发动机气缸盖减薄一部分，提高发动机的压缩比，就可以提高发动机的功率，在一定程度上弥补部分功率损失。这种方法是人们通常采用的一种方法。但是，考虑到目前大部分天然气汽车都是两用燃料汽车，发动机压缩比不可能提高太多，否则一旦换用汽油作燃料，有可能产生爆震。因此压缩比的提高有一定限度，应根据实际情况确定。

(3)天然气脱硫。天然气汽车发生腐蚀和早期磨损的根本原因是由于天然气中含有微量硫化氢。因此，对天然气进行脱硫处理是减少腐蚀和磨损的重要手段。但对天然气进行脱硫处理，也很难将硫化氢完全除去，因此，天然气对发动机的腐蚀是很难完全避免的。

(4)采用耐腐蚀材料。采用抗硫化物腐蚀的金属材料制造发动机也是防止腐蚀的一个重要措施。但这种方法仅适用于新发动机的制造，对于现有发动机是无能为力的。

(5)使用专门的天然气汽车发动机润滑油。使用天然气汽车发动机润滑油代替目前使用的汽油机润滑油是防止天然气汽车发动机腐蚀的有效措施,这种方法不但简便,而且不增加成本。天然气汽车发动机润滑油与汽油机润滑油相比具有较高的碱值,有很强的酸中和能力。行车试验表明,该润滑油能有效防止硫化氢的腐蚀,减少发动机磨损,延长发动机大修期 1/2以上。

5.1.3　典型天然气汽车车型

1. 全新爱丽舍 CNG 双燃料车

如图 5.11 所示,爱丽舍 CNG 双燃料车与汽油版爱丽舍在外观方面区别不大,2014 款爱丽舍的整车尺寸为 4430mm×1700mm×1470mm,轴距为 2650mm,较老款车型来说在尺寸方面提升不少,2014 款爱丽舍同样沿袭了雪铁龙全新家族设计,整体看起来更加时尚与运动,而内饰方面则更偏重于实用与居家。

图 5.11　东风雪铁龙新爱丽舍 CNG 双燃料车

配置方面:全新爱丽舍 CNG 车型采用原厂生产线制造,采用发动机前舱加气,手动截止加气阀,加气过程简洁、安全。配备燃气泄漏报警器及自动瓶口阀,燃气泄漏报警器则会自动检测燃气是否泄漏,遇到泄漏情况时会自动报警并关闭瓶口阀。

动力方面:新爱丽舍新一代 CNG 全新适配了 1.6L EC5 CNG 双燃料专用发动机,提高了压缩比,不仅确保在使用汽油时可获得 78kW 的最大功率和 142N·m 的最大扭矩,在使用天然气时其最大功率和最大扭矩仍然能达到 70kW 和 125N·M,功率损耗仅为 10%。相比国内 CNG 车型 12%~20%的功率损耗,新爱丽舍 CNG 功率损耗最小,耗气量最低。

新爱丽舍之所以能够保证较低的燃气功率和损耗,主要得益于其采用了意大利原装进口的 OMVL 燃气控制系统。该系统的技术水平行业领先,通过将传统双 ECU 整合至国内首创的单 ECU 控制,从软件和硬件两方面保证了油气转换系统的稳定性和平顺性,实现控制更准确,更节能,将动力衰减降至最小。同时根据中国用户的驾驶习惯重新调校,提高低速扭矩,1-2-3 档的加速性能更优异,更适合城市路况。而国内首创国 IV+双 OBD 系统的采用,让新爱丽舍 2011 款 CNG 成为国内首款实现两种燃料 OBD 系统独立检测的 CNG 双燃料车,保证了系统在两种工况下都能真正达到国 IV 排放标准。

2. 东风风神 S30CNG 双燃料汽车

东风风神 S30 CNG 车型是东风风神推出的一款双燃料车型,其外形如图 5.12 所示。无论是车身尺寸还是轴距 S30 与其他同类车相比都非常有优势。而 S30 配备的 80L 的 CNG 气罐远比其他品牌车的 65L 更为实用,续航里程更长。配备新燃油燃气双 ECU 电控单元和双 OBD 诊断系统,更有进口无缝燃气喷轨、手动截止加气口、进口减压器、截流保护气瓶阀等专业设备。

图 5.12　东风风神 S30CNG 双燃料汽车

5.2　二甲醚内燃机

5.2.1　二甲醚理化特性及生产

1. 二甲醚理化特性

二甲醚(Dimethyl Ether,简称 DME)是最简单的醚类化合物,分子式为 CH_3OCH_3,是一种含氧燃料,具有轻微醚香味,压缩性高,常温常压下为气态,常温时可在 0.5MPa 液化,具有与液化石油气相似的物性。

DME 作为柴油代用燃料具有非常大的潜在市场。相比而言,常规发动机代用燃料如液化石油气、天然气、甲醇等的十六烷值都小于 10,只适合于点燃式发动机。十六烷值含量是柴油燃烧性能的重要指标,二甲醚的十六烷值高于柴油,具有优良的压缩性,非常适合压燃式发动机。二甲醚与一些常规燃料的理化性质比较如表 5.6 所示。

表 5.6　二甲醚与一些常规燃料的理化性质

项目	二甲醚	天然气(甲烷)	甲醇	柴油
化学式	CH_3OCH_3	CH_4	CH_3OH	
沸点/℃	−25.1	−161.5	64.6	180～360
液密度(20℃)/(g/cm³)	0.67	0.42	0.79	0.84
黏度/[kg/(m·s)]	0.12～0.15		0.7	2～4
气体相对密度(对空气)	1.59	0.55		
饱和蒸气压(25℃)/10⁵Pa	61.81			
蒸发潜热/(kJ/kg)	467	510	1110	300

(续)

项目	二甲醚	天然气(甲烷)	甲醇	柴油
自燃点/℃	235	650	450	250
爆炸极限,%(体积分数)	3.4～17	5～15	5.5～36	0.6～7.5
十六烷值	55～60	0	5	40～55
理论空燃比(质量比)	9	16.9	6.5	14.6
低热值/(MJ/kg)	28.89	50.24	20.10	42.71
低热值(标准)/(MJ/m³)	59.46	36.01		
DEM 燃料当量(质量基)	1.000	1.739	0.696	1.478

由上表可以看出二甲醚具有下列一些特点:

(1)二甲醚可以在−25℃于常压下液化,或者在大约加压 6 个大气压于常温下液化,这使得二甲醚能够像液化石油气(LPG)那样使用、储存或运输,当用作燃料喷入气缸后可立即汽化,能够快速形成良好的混合气;

(2)二甲醚的十六烷值比柴油的十六烷值高,具有良好的自燃性,非常适合作为柴油机上的代用燃料;

(3)二甲醚没有麻醉性,亦非致癌物,对人体完全无害,易于推广应用;

(4)不含硫,尾气中也没有二氧化硫;

(5)其化学结构为 CH_3—O—CH_3,没有直接相连的 C—C 键,氧的质量百分比达 34.8%,尾气中没有颗粒状物和烟灰排放;

（6）二甲醚的热值仅为柴油的 64.7%，液体密度只有柴油密度的 78%，为了达到原柴油机动力性，以体积计二甲醚供给量约是柴油的 1.9 倍。二甲醚的汽化潜热大，为柴油的 1.64 倍，可降低最高燃烧温度，改善 NO_x 排放。

（7）二甲醚的黏度低，会使高压供油系统中的二甲醚容易泄漏，也使配合偶件容易发生早期磨损，对金属无腐蚀，对普通橡胶塑料有腐蚀作用，故使用二甲醚时应保证整个燃油系统密封性能良好，以防止二甲醚向大气中泄漏。

由此可见，从燃料特性上看二甲醚完全可替代柴油和液化石油气（LPG），但却不会像石油基燃料那样排放大量的环境有害物质，因此二甲醚属环境友好燃料。

DME 燃料在燃料体积上相比其他替代燃料有很大的优势。在行驶相同里程数下，所花费的燃料体积是柴油的 1.7 倍，但比乙醇、LNG 等体积都小。图 5.13 示出了 DME 相比其他柴油替代燃料的相对比容体积图。

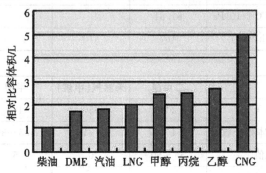

图 5.13　DME 与柴油及其他柴油替代燃料的相对比容体积图

二甲醚相变潜热比柴油高，液相 DME 蒸发而吸收热量比柴油更加显著，可以达到降低燃烧室内混合气的温度，有利于减少 NO_x 的排放。

二甲醚的饱和蒸汽压力比液化石油气低，二甲醚装置的设计承载压力为 1.2MPa，而液化石油气的承载压力为 1.77MPa。二甲醚在空气中的爆炸下限比 LPG 高出 1 倍。所以二甲醚在储存、运输、使用上比 LPG 更加安全。

二甲醚可以和传统矿物燃料以任何比例混合成高十六烷值的燃料；混合 10% 左右 DME 可使碳烟排放降低接近 30%，NO 和 HC 排放也略有减少，柴油和二甲醚混合可获得良好的润滑和雾化性能。

2. 二甲醚的生产工艺

二甲醚的生产方法有一步法和二步法。一步法是指由原料气一次合成二甲醚，二步法是由合成气合成甲醇，然后再脱水制取二甲醚。

甲醚生产线一步法是由天然气转化或煤气化生成合成气后，合成气进入合成反应器内,在反应器内同时完成甲醇合成与甲醇脱水两个反应过程和变换反应,产物为甲醇与二甲醚的混合物,混合物经蒸馏装置分离得二甲醚,未反应的甲醇返回合成反应器。

一步法多采用双功能催化剂,该催化剂一般由 2 类催化剂物理混合而成,其中一类为合成甲醇催化剂,如 Cu-Zn-Al(O) 基催化剂,BASFS3-85 和 ICI-512 等;另一类为甲醇脱水催化剂,如氧化铝、多孔 SiO_2-Al_2O_3、Y 型分子筛、ZSM-5 分子筛、丝光沸石等。

二步法是分两步进行的,即先由合成气合成甲醇,甲醇在固体催化剂下脱水制二甲醚。国内外多采用含 γ-Al_2O_3/SiO_2 制成的 ZSM-5 分子筛作为脱水催化剂。反应温度控制在 $280\sim340℃$,压力为 $0.5\sim0.8MPa$。甲醇的单程转化率在 $70\%\sim85\%$ 之间,二甲醚的选择性大于 98%。

一步法合成二甲醚没有甲醇合成的中间过程,与两步法相比,其工艺流程简单、设备少、投资小、操作费用低,从而使二甲醚生产成本得到降低,经济效益得到提高。因此,一步法合成二甲醚是国内外开发的热点。国外开发的有代表性的一步法工艺有:丹麦 Topsφe 工艺、美国 Air Products 工艺和日本 NKK 工艺。

二步法合成二甲醚是国内外二甲醚生产的主要工艺,该法以精甲醇为原料,脱水反应副产物少,二甲醚纯度达 99.9%,工艺成熟,装置适应性广,后处理简单,可直接建在甲醇生产厂,也可建在其他公用设施好的非甲醇生产厂。但该法要经过甲醇合成、甲醇精馏、甲醇脱水和二甲醚精馏等工艺,流程较长,因而设备投资较大。但国外公布的大型二甲醚建设项目绝大多数采用二步法工艺技术,说明二步法有较强的综合竞争力。

我国 20 世纪 90 年代前后开始气相甲醇法(二步法)生产二甲醚工艺技术及催化剂的开发,很快建立起了工业生产装置。随着二甲醚建设热潮的兴起,我国二步法二甲醚工艺技术有了进一步的发展,工艺技术已接近或达到国外先进水平。

山东久泰化工科技股份有限公司(原临沂鲁明化工有限公司)开发成功了具有自主知识产权的液相法复合酸脱水催化生产二甲醚工艺,已经建成了 5000t/年生产装置,经一年多的生产实践证明,该技术成熟可靠。该公司的第二套 3 万 t/年装置也将投产。

山东久泰二甲醚工艺技术已经通过了山东省科技厅组织的鉴定,被认定为已达国际水平。特别是液相法复合酸脱水催化剂的研制和冷凝分离技术,针对性地克服了一步法合成和气相脱水中提纯成本高、投资大的缺点,使反应和脱水能够连续进行,减少了设备腐蚀和设备投资,总回收率达到 99.5% 以上,产品纯度不小于 99.9%,生产成本也较气相法有较大的降低。

我国对合成气一步法制二甲醚进行了深入研究,而且一些科研院所和大学都取得了较大进展。

兰化研究院、兰化化肥厂与兰州化物所共同开展了合成气法制二甲醚的 5mL 小试研究,重点进行工艺过程研究、催化剂制备及其活性、寿命的考察。试验取得良好结果:CO 转化率＞85%;选择性＞99%。两次长周期(500h,1000h)试验表明:研制的催化剂在工业原料合成气中有良好的稳定性;二甲醚对有机物的选择性＞97%;CO 转化率＞75%;二甲醚产品纯度＞99.5%;二甲醚总收率为 98.45%。

5.2.2 二甲醚汽车

1. 二甲醚汽车结构

现阶段,二甲醚燃料一般用在柴油机上,因此二甲醚汽车一般在载货汽车或者大客车的基础上改制而成。此处以上海申沃客车某款城市公交客车介绍二甲醚汽车的基本结构,相对于原车,二甲醚汽车一般具有以下的结构变化:

(1)采用两只二甲醚储罐,其中一只为主燃料罐,布置在车辆左侧前后轮之间纵梁旁,另一只辅燃料罐布置在车辆右前轮后、中客门之间的纵梁旁。

(2)仪表盘上增加了泄漏报警器。在每只二甲醚储罐上方和发动机上方设燃气泄漏报警传感器,以便及时发现可能发生的二甲醚泄漏。

(3)在仪表盘上增设二甲醚管路压力指示灯并调整发动机启动电路。当车辆电路接通后电动增压泵首先工作,当二甲醚管路压力达到要求后,压力指示灯亮,发动机方能启动。

(4)拆除原燃油箱和供油管路,适当调整蓄电池位置。

(5)为满足燃料电动增压泵对 12V 工作电压的要求增加 DC/AC 转换器。

2. 二甲醚在汽车上的应用

我国在新型节能燃料 DME 上的研究一直与世界先进水平同步。我国早在 20 世纪 90 年代将其作为替代燃料进行相关研究。2005 年,上海交通大学与上海汽车工业总公司、上海柴油机股份有限公司等单位合作成功开发了具有完全自主知识产权的二甲醚燃料发动机和我国第 1 辆以二甲醚为燃料的城市客车,标志着我国二甲醚汽车的研发已与日本、欧洲同处国际先进水平。经检测,这款二甲醚发动机整机动力性、经济性、排放和噪声均优于原柴油机。二甲醚汽车动力强劲,车内外噪声比原型车分别下降了

2.1dB 和 4.4dB,排放远优于欧Ⅲ排放限值,碳烟排放为零,彻底解决了城市公交车冒黑烟的问题。该成果已获 8 项国家发明专利授权。

二甲醚在汽油机上的应用是被当作着火改善剂添加到醇类燃料中进行掺烧,以改善其着火性能和燃烧过程。醇类燃料,尤其是甲醇是较有前途的内燃机代用燃料。但是与柴油相比,甲醇着火温度高、汽化潜热大、十六烷值很低,在压燃式发动机中难于着火。在甲醇中加入一定量的着火改善剂二甲醚,其十六烷值可达到 33 以上。一般说来,二甲醚占整个燃料质量的 25％～50％,如果 DME 的量太少,在低负荷容易产生"缺火"的现象;而二甲醚的量过多时,有可能产生敲缸的现象。用二甲醚作为汽油的添加剂可使燃料燃烧过程的含氧量增高,汽油燃烧将更完全,并可提高汽油的汽化效率。

二甲醚在柴油机上的应用主要有 2 种方式,即纯二甲醚缸内直喷式,二甲醚等双燃料压燃式。

对于二甲醚而言,其临界压力为 5.37MPa,临界温度为 400K。在现代柴油机内燃烧时,缸内多处温度和压力可以很容易达到二甲醚临界条件的 2 倍,从而进入超强临界状态。在这种状态下,纯二甲醚更容易与空气混合,形成可燃混合气体。使其具有良好的冷启动性能。并且可以通过简单改造即可把现行的柴油机改造成纯二甲醚发动机并保留柴油机的主要特征,压燃和负荷调节。图 5.14 示出二甲醚发动机燃油供给的示意图。双燃料压燃是基于最新的研究成果所研发出的一种压燃方式。DME 容易实现 HCCI(均质混合气体压燃技术)燃烧模式。但是通过实际试验发现其工况范围很窄。最新研究成果表明将 DME 与 LPG 等高辛烷值的燃料混合加入柴油机时,在很大程度上拓宽了 HCCI 的工作范围。因此 DME 双燃料 HCCI 有着很广泛的应用前景。

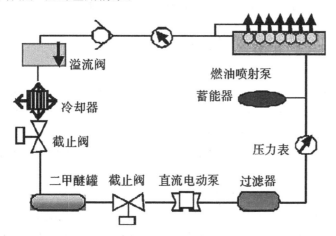

图 5.14　二甲醚发动机燃油供给的示意图

3. 二甲醚应用产生的问题及解决策略

(1)二甲醚在常温下为气态,并且二甲醚的蒸发压力随着温度的升高而升高。因此,必须使供油系统具有较大的压力,这样才能防止发动机供油系统管路上气阻现象的发生,使二甲醚为液态。由于其低压供油压力将远高于柴油燃料的低压供油压力,因此必须对柴油机的供油系统进行适当的改造。

(2)二甲醚的热值低,只有柴油机的 64.7%,理论空燃比低。为了达到原柴油机的动力水平,则必须增大二甲醚发动机的每循环供油量。在实际中可以采取加大喷油泵中柱塞直径和柱塞有效行程,加大喷油器中喷孔直径等方法来提高发动机的每循环供油量,以期达到发动机原有的动力性。

(3)由于二甲醚的黏度低,这就使得燃油润滑效果较差,柴油机上的副柱塞、双喷油阀与出油阀座、针阀与针阀体三大相对运动的精密偶件会因为润滑不良而产生磨损。因此,必须在二甲醚发动机中加入适当的润滑剂,增加燃料的润滑性能,以保证柴油机运转的可靠性与耐久性。

(4)在环境温度和压力下,二甲醚的爆炸极限范围比较宽。因此,在使用二甲醚时要注意防止二甲醚蒸气的逸出。同时,二甲醚的低黏度也容易使其泄漏汽化。另外,二甲醚虽然对金属没有腐蚀性,但对一些弹塑性密封件来说,如长期暴露在二甲醚中会使其密封性能恶化,并逐渐腐蚀剥落下来。所以在柴油机上燃用二甲醚,必须要解决好密封问题。

(5)由于二甲醚的黏度低,喷油器内的压力又很高,故二甲醚容易从喷油器顶端泄露出去,造成实际供油量的不足,使得发动机不能正常运转。因此,在喷油器顶端需要设置回流管路,这样可建立起喷油器顶端的背压,减少二甲醚在喷油器中的泄漏,以保证柴油机正常燃烧所需的供油量。

5.2.3 二甲醚汽车的发展

1995 年以来,丹麦技术大学、AMOCO 公司、Haldor Topsoe A/S 公司、NAVISTAR 公司和 AVL 公司在柴油机上先后进行了燃用二甲醚(DME)的试验,研究表明:二甲醚能够实现发动机高效、超低排放和柔和燃烧,排烟为零,燃烧噪声低。VOLVO 汽车公司研制出了燃用二甲醚燃料的大客车样车用于试车与示范。日本 NKK 公司和交通公害研究所分别研制了燃用二甲醚燃料的卡车样车。

国内二甲醚(DME)作为柴油机代用燃料的研究与国际几乎同步。上海交通大学、西安交通大学、天津大学等各自开展了二甲醚燃料喷雾和燃烧特性、发动机性能的研究。上海交通大学燃烧与环境技术中心,自 1997 年以来对二甲醚燃料的喷射过程、燃烧过程、可靠性和材料相容性进行了深入系统的研究,自主研制了适合与二甲醚燃料特性的发动机燃料供给、喷射和燃烧系统。2005 年 4 月,在国家科技攻关项目支持下,上海交大与上海汽车公司等多家单位,成功研发了我国第一台具有完全自主知识产权的二甲醚城市客车,碳烟排放为零。陕汽集团于 2010 年进行二甲醚汽车的开发。

1. 日本二甲醚汽车的发展

日本是当前世界上开展二甲醚应用研究最全面、最深入的国家,从本世纪初开始,日本经济产业省、国土交通省、环境省以及日本油气金属国家公司等机构对一系列二甲醚应用项目提供资助。主要有二甲醚与 LPG 的混合燃料研究、高效燃料级二甲醚燃烧系统、二甲醚在柴油机和大型燃气轮机的应用研发、二甲醚公共汽车和载重卡车的研发、高效微型二甲醚燃料电池的研发、DME 低温蒸汽重整系统的开发、二甲醚—磷酸燃料电池的开发、汽车用二甲醚重整供氢系统的开发等。

2007 年 3 月,日本政府修订的该国基本能源计划对 DME 应用开发制定的政策是:①长期计划,继续进行 DME 汽车的研发项目,以保持日本经济的持续发展;②短期计划,扩大 DME 在 LPG 中掺烧的应用,将 DME 作为 LPG 燃料的补充对于促进日本 DME 的应用极为重要;③由于 DME 有益于保证日本化石燃料的稳定供应,且清洁环保,应促进低成本的 DME 生产和应用工艺的开发;④支持 DME 的生产和应用装置、物流基础设施的研发;⑤支持 DME 汽车的研发;⑥提高公众对 DME 汽车的认知。

日本有多家全国公共和地区团体资助二甲醚的应用研发的情况。

目前,日本最新的 DME 应用技术主要在 6 个领域:DME/LPG 混合燃料;DME 卡车;DME 锅炉和燃气轮机发电;DME 重整制氢及燃料电池;DME 作化学原料。

DME 汽车是日本 DME 应用研发的重点,与 LPG 掺烧相比,因 DME 汽车使用纯二甲醚,一旦进入市场化,其二甲醚的消费量将是惊人的,将成为日本 DME 市场上最大的消费领域。二甲醚是非石油产品,其原料可以是天然气、煤、生物质、废料,来源丰富,供应稳定。二甲醚十六烷值高,是理想的柴油替代燃料,二甲醚燃烧清洁,不冒黑烟,经过 EGR(废气再循环系统)装置处理的排放气能满足最严格的环保法规。采用生物质合成的二甲醚大大减少了其 CO_2 排放,对防止全球气候变暖具有重大意义。因此,日本政府一直不遗余力地资助 DME 汽车的研发项目,取得了相当大的进展。

从 1998 年起,日本几个著名汽车制造商就已先后制造出了 DME 样车,并进行了大量的道路行驶试验,其性能指标见表5.7。

表5.7 日本DME汽车样车性能指标

制造公司	车型	发动机类型	车身质量/t	载重	排量/L	生产年代
JFE控股公司	小型货车	直列	4.315	2.0t	4.636	1998
五十铃	中型货车	共轨	9.965	4.8t	8.226	1998
日野	大型客车	共轨	14.734	7.8t	7.961	2003
三菱	小型货车	分配泵式	4.436	2.0t	4.214	2001
三菱	小型货车	分配泵式	5.045	2.3t	4.210	2001
五十铃	中型货车	直列	7.940	3.5t	7.166	2002
五十铃	中型货车	共轨	7.920	3.5t	4.777	2004
尼桑	大型货车	直列	20.0	10t	6.925	2004
尼桑	水槽车	直列	16.5	7.6m³	6.925	2004
五十铃	厢式货车	直列	5.045	2.0t	4.210	2005
五十铃	厢式货车	共轨	4.900	2.0t	4.777	2005
Bosch公司	轻型货车	直列	5.805	2.0t	4.570	

经过近十年的努力,日本DME汽车的研发已经取得了很大的进展,制造出了实用的DME发动机,以及适合于DME燃料的喷嘴系统,DME发动机的输出基本与普通柴油机相当。在采用EGR和氧化催化剂后,DME发动机的排放废气中的NO_x含量和颗粒物含量分别相当于日本新长期标准的1/2和1/5。从2005年起,有5种车型进入公路行驶阶段,其中,3.5t中型卡车已经投入实用约2.5年,2t轻型DME卡车已经连续行驶了32000km。这两种车型都没有发生过严重的故障问题。

尽管日本在DME汽车的研发领域取得了重要进展,并处于世界领先水平,但离DME汽车的实用化仍有相当长的道路要走。毕竟从DME燃料的生产到DME汽车的使用是一个复杂的系统工程,仍有许多障碍拦在前进的道路上:

(1)在微观方面,目前还未找到低成本的耐DME密封填圈材料,针对大型DME卡车和客车的高速DME加注系统还未开发出来,按照日本《高压气体安全法》,这是一项花费很大的项目。对EGR的过量使用将导致燃料使用效率的下降,为此有必要开发低运行成本的脱NO_x催化剂。另外,DME的生产成本也必须降下来。

(2)在宏观方面,日本产业经济省资源能源厅至今没有发布促进DME汽车发展的积极政策,日本国内的DME应用研发公司及组织仍需要制定、完善有关 DME 的各项标准,这些标准涵盖 DME 的生产、DME 汽车及其零部件的制造和贮运、加注设施建设等。

2. 欧美二甲醚汽车的发展

欧美国家一直将环境效益放在替代燃料的首位,对于柴油机替代燃料,欧美国家趋向于生物柴油,与二甲醚相比,生物柴油生产工艺简单,柴油机几乎没有改动,生物柴油是完全碳中性的,不会增加温室气体的排放。而二甲醚尽管可以由生物质制造,但工艺复杂,投资大,生产成本高,由化石原料生产则放出温室气体,而且柴油机需改造,贮运、加注基础设施也要改造,涉及的方方面面很多,很难在短时间内完成。因此,欧美国家的 DME 应用研究进展较亚洲地区要落后一些。

美国能源部(DOE)于 2000 年向宾夕法尼亚大学提供资助,研究向其校车所用柴油中添加 10% 的 DME,结果表明,其综合输出功率与等量柴油相当,在全负荷时可节省 8% 的柴油,并且污染物排放大大改善。但实现二甲醚与柴油直接掺和的技术不过关,二甲醚还不能稳定、均匀地掺和到柴油中。

1995 年,丹麦技术大学和托普索公司首先将二甲醚用作柴油机燃料,瑞典 VOLVO 汽车公司研制出了 DME 大客车样车,并进行了道路行驶与示范,接着世界著名的 AVL 公司及 AMOCO 公司等对二甲醚燃料发动机特性做了系统的研究。研究表明:①采用二甲醚作燃料,仅需对原柴油机的燃油系统进行相应改造;②在保持相同输出功率的前提下,排放的污染物特别是 NO_x 大大降低;③炭烟排放几乎为零。在广泛用于大客车、载重卡车的 Navistar 8 缸 7.3L 使用二甲醚燃料后,发动机的 NO_x、微粒、CO、HC 和醛类有害物的排放全面满足世界上最严格的美国加州中型车超低排放(ULEV)标准。

俄罗斯莫斯科市政府在 2007 年 4 月的 N290 决议中,提出了在资金、税收、技术等方面提供支持,鼓励企业和个人研发使用 DME 及其他替代燃料汽车技术,该决议要求在 2010 年使俄罗斯替代燃料所占比重达到 5%。俄罗斯发动机科学研究院和莫斯科政府交通运输部等共同研制了轻型冷藏箱货车,该车为 DME/柴油双燃料供应系统,柴油箱为 60L,DME 罐为 210L,可以在两种燃料间随意切换。主燃料为 DME,柴油备用。使用两种燃料时的发动机工况可通过调整制动位(两个位置)来提供。

3. 中国二甲醚汽车的发展

国内许多科研单位也积极开展 DME 应用技术研发项目,上海交大

1997 年承担我国首项国家自然科学研究基金,自主研制了二甲醚发动机系统。目前已获得多项国家专利。该项目对二甲醚燃料喷射过程包括二甲醚燃料的泵端、嘴端油管压力和针阀升程、音速、闪急沸腾雾化现象和燃烧过程,并对二甲醚发动机的可靠性进行了深入研究,揭示了二甲醚燃料在发动机喷射特性、燃烧机理与排放特性方面的规律。

西安交通大学能源与动力工程学院汽车工程系在美国福特汽车公司和国家自然科学基金会的资助下,对二甲醚发动机燃烧二甲醚燃料进行了研究,取得了许多成果。天津大学用火焰直接成像法研究了二甲醚的着火燃烧过程。吉林大学对共轨式柴油机燃烧二甲醚进行了研究。

2005 年 5 月,上海汽车工业总公司等单位合作完成的我国第一辆以二甲醚为燃料的城市客车亮相上海街头,这台新型客车动力强劲,车内噪声比原型车下降 2.5dB,排放远优于欧 III 排放限值,炭烟排放为零,彻底解决了城市公交车冒黑烟问题。

同年 7 月,由西安交通大学联合一汽集团大连柴油机厂和无锡油泵油嘴研究所合作完成的高速二甲醚城市中巴车通过国家科技部验收。2007年 6 月,两辆二甲醚公交车开始在市区试跑,该车长 11m、满载 15.9t,一次加油行程 300km,最高车速 88.8km/h,爬坡 20°。

首座二甲醚加气站也已经在上海 147 路终点站落成,该 DME 加注站储罐容量 10m³,储罐压力 1.47MPa,每天可给 30 辆车加注 DME 燃料。同时,对 DME 专用的密封件、油泵、车载瓶装阀等进行了整体设计。

5.3 甲醇燃料内燃机

5.3.1 甲醇燃料特性及生产

1. 甲醇的理化特性

甲醇是一种易溶于水的无色透明液体,具有质轻、略有酒精气味、易燃、易挥发、含氧高、辛烷值高的特点,甲醇作为燃料,其燃烧特性接近目前现实使用的液体燃料。甲醇与汽油理化性质比较见表 5.8。

表 5.8　甲醇与汽油理化性质比较

性质		甲醇	汽油
分子式		CH_3OH	$C_4 \sim C_{14}$ 的碳氢化合物
相对分子质量		32.04	95～120
元素质量组成 （质量比/%）	O	50	0
	C	37.5	85～88
	H	12.5	12～15
汽化潜热/(kJ/kg)		1109	310
燃烧低热值/(kJ/kg)		19930	43030
雷德蒸气压(37.8℃)/MPa		0.037	0.05～0.09
水中的溶解度/(mg/L)		互溶	100～200
自燃温度(℃)		470	260～370
辛烷值	研究法	112	84～96
	马达法	92	70～84
理论混合气热值/(kJ/kg)		2650	2780
理论空燃比/(kg/kg)		6.47	14.7
层流燃烧速度/(cm/s)		52	39～47

甲醇作为内燃机燃料具有以下几个特点：

(1)辛烷值比汽油高,因此可通过增大发动机的压缩比来提高发动机的热效率。

(2)甲醇的燃烧速度和火焰传播速度比汽油快,所以燃烧的定容性好,燃烧持续期短,过后燃烧程度小,有利于热效率提高。

(3)甲醇含氧丰富,燃烧过程中有自供氧效应,燃烧比较均匀,减少了缺氧的机率,CO 和 HC 的排放量降低。

(4)甲醇的汽化热比汽油高两倍多,进入气缸后只有吸收周围的热量才能汽化,吸热的过程降低了燃烧室内和气缸盖的温度,使外传热量减少,提高了发动机的热效率。

(5)甲醇的着火燃烧浓度界限范围比较宽,更容易稀燃,这将使发动机的工况范围比较宽,有利于提高排气净化性能和降低油耗。

(6)甲醇的含碳量低,其充分燃烧的产物为 CO_2 和 H_2O,CO 和碳粒的生成量明显减少,这也提高了发动机的热效率及经济性。

(7)甲醇的抗爆性较好,可将压缩比、点火提前角、喷油提前角适当增大,以获得更高的发动机热效率和功率。

(8)甲醇分子量小,黏度也小,其蒸发雾化性能良好,有利于形成均质混合气。

甲醇作为燃料的缺陷如下:

(1)甲醇具有较强的腐蚀性,同时在燃烧后的产物中,甲醛、甲酸与水蒸气结合形成酸性溶液,这些溶液对金属有较强的腐蚀作用。

(2)甲醇对一般的橡胶、塑料件等有溶胀作用。

(3)甲醇汽化潜热大,在发动机进气管内汽化时会吸收大量的热量,使进气温度降低,这会导致发动机冷起动性能恶化。

(4)甲醇吸水性能强,如果盛装甲醇的容器密封不好,甲醇会吸收空气中的水分,特别是含有少量水分时,分层现象较为严重。

2. 甲醇的制备与生产

甲醇主要有以下几种生产方法:

(1)天然气制甲醇。天然气是制造甲醇的主要原料。天然气的主要组分是甲烷,还含有少量的其他烷烃、烯烃与氮气。以天然气生产甲醇原料气有蒸汽转化、催化部分氧化、非催化部分氧化等方法,其中蒸汽转化法应用得最广泛,它是在管式炉中常压或加压下进行的。由于反应吸热,必须从外部供热以保持所要求的转化温度,一般是在管间燃烧某种燃料气来实现,转化用的蒸汽直接在装置上靠烟道气和转化气的热量制取。

由于天然气蒸汽转化法制的合成气中,氢过量而一氧化碳与二氧化碳量不足,工业上解决这个问题的方法一是采用添加二氧化碳的蒸汽转化法,以达到合适的配比,二氧化碳可以外部供应,也可以由转化炉烟道气中回收。另一种方法是以天然气为原料的二段转化法,即在第一段转化中进行天然气的蒸汽转化,只有约 1/4 的甲烷进行反应,第二段进行天然气的部分氧化,不仅所得合成气配比合适而且由于第二段反应温度提高到 800℃ 以上,残留的甲烷量可以减少,增加了合成甲醇的有效气体组分。

(2)煤、焦炭制甲醇。煤与焦炭是制造甲醇粗原料气的主要固体燃料。用煤和焦炭制甲醇的工艺路线包括燃料的气化、气体的脱硫、变换、脱碳及甲醇合成与精制。

用蒸汽与氧气(或空气、富氧空气)对煤、焦炭进行热加工称为固体燃料气化,气化所得可燃性气体通称煤气,是制造甲醇的初始原料气,气化的主要设备是煤气发生炉,按煤在炉中的运动方式,气化方法可分为固定床(移动床)气化法、流化床气化法和气流床气化法。国内用煤与焦炭制甲醇的煤气化,一般都沿用固定床间歇气化法,煤气炉沿用 UCJ 炉。在国外对于煤的气化,已工业化的煤气化炉有柯柏斯-托切克(Koppers-Totzek)、鲁奇

(Lurge)及温克勒(Winkler)三种。还有第二、第三代煤气化炉的炉型主要有德士古(Texaco)及谢尔-柯柏斯(Shell-Koppers)等。

用煤和焦炭制得的粗原料气组分中氢碳比太低,故在气体脱硫后要经过变换工序。使过量的一氧化碳变换为氢气和二氧化碳,再经脱碳工序将过量的二氧化碳除去。原料气经过压缩、甲醇合成与精馏精制后制得甲醇。

(3)油制甲醇。工业上用油来制取甲醇的油品主要有二类:一类是石脑油,另一类是重油。

原油精馏所得的220℃以下的馏分称为轻油,又称石脑油。以石脑油为原料生产合成气的方法有加压蒸汽转化法、催化部分氧化法、加压非催化部分氧化法、间歇催化转化法等。用石脑油生产甲醇原料气的主要方法是加压蒸汽转化法。石脑油的加压蒸汽转化需在结构复杂的转化炉中进行。转化炉设置有辐射室与对流室,在高温、催化剂存在下进行烃类蒸汽转化反应。石脑油经蒸汽转化后,其组成恰可满足合成甲醇之需要。既无需在转化前后补加二氧化碳或设二段转化,也无需经变换、脱碳调整其组成。

重油是石油炼制过程中的一种产品,根据炼制方法不同,可分为常压重油、减压重油、裂化重油及它们的混合物。以重油为原料制取甲醇原料气有部分氧化法与高温裂解法两种途径。裂解法需在 1400℃以上的高温下,在蓄热炉中将重油裂解,虽然可以不用氧气,但设备复杂,操作麻烦,生成炭黑量多。

重油部分氧化是指重质烃类和氧气进行燃烧反应,反应放热,使部分碳氢化合物发生热裂解,裂解产物进一步发生氧化、重整反应,最终得到以 H_2、CO 为主,及少量 CO_2、CH_4 的合成气供甲醇合成使用。重油部分氧化法所生成的合成气,由于原料重油中碳氢比高,合成气中一氧化碳与二氧化碳含量过量,需将部分合成气经过变换,使一氧化碳与水蒸气作用生成氢气与二氧化碳,然后脱除二氧化碳,以达到合成甲醇所需之组成。

合成后的粗甲醇需经过精制,除去杂质与水,得到精甲醇。

(4)联醇生产。与合成氨联合生产甲醇简称联醇,这是一种合成气的净化工艺,以替代我国不少合成氨生产用铜氨液脱除微量碳氧化物而开发的一种新工艺。

联醇生产的工艺条件是在压缩机五段出口与铜洗工序进口之间增加一套甲醇合成的装置,包括甲醇合成塔、循环机、水冷器、分离器和粗甲醇贮槽等有关设备,工艺流程是压缩机五段出口气体先进入甲醇合成塔,大部分原先要在铜洗工序除去的一氧化碳和二氧化碳在甲醇合成塔内与氢气反应生成甲醇,联产甲醇后进入铜洗工序的一氧化碳气体含量明显降低,减轻了铜洗负荷,同时变换工序的一氧化碳指标可适量放宽,降低了变换的蒸汽消耗,而且压缩机前几段气缸输送的一氧化碳成为有效气体,压缩机电耗降低。

联产甲醇后能耗降低较明显,可使每吨氨节电 50kW·h,节省蒸汽 0.4t,折合能耗为 200 万 kJ。联醇工艺流程必须重视原料气的精脱硫和精馏等工序,以保证甲醇催化剂使用寿命和甲醇产品质量。

5.3.2　甲醇混合燃料汽车发展

甲醇汽车是指以甲醇作为发动机燃料的汽车。根据甲醇与汽油掺混比例的不同又可分为中低比例甲醇汽车和全甲醇汽车。中低比例甲醇汽车是指甲醇掺烧比≤50%,使用这种燃料不需要改变发动机的结构,直接与汽油搭配使用。使用甲醇 M85～M100(即甲醇掺烧比 85%～100%)类型的甲醇燃料的汽车称为全甲醇汽车,全甲醇汽车需要对发动机进行重新设计制造。

1. 国外甲醇燃料汽车发展

由于“石油危机”的出现,许多国家为了能源安全便积极寻找替代石油的燃料。醇燃料作为一种液体燃料,其储藏、运输、使用方式都与传统的汽油和柴油相近,而且生产醇原料的资源丰富,其燃烧清洁,排放污染物少,因而受到各个国家的重视。德国、瑞典、美国等先后开展了对甲醇燃料的研究。如从 1975 年开始,瑞典组织诸多项目对甲醇燃料生产工艺及甲醇燃料汽车进行研究。1976 年,在瑞典召开了第一次国际醇燃料会议(USAF),推动醇燃料(主要是甲醇和乙醇)发展。德国政府在 20 世纪 70 年代末 80 年代初,曾组织 1000 多辆车参加的 M15 车队,跨越北欧国境做大规模研究和示范。

20 世纪 80 年代后期,石油价格有所回落,但随着人类对生存环境要求的提高,寻找替代能源仍然在继续。经研究发现,汽车使用醇燃料后其常规排放物比汽油和柴油车都更少,甲醇燃料更有利于保护环境,在使用上完全可以替代石油,在改善大气环境质量的推动下,甲醇被列为清洁燃料,许多国家都进行了示范推广。甲醇燃料已在美国、法国、意大利、奥地利、瑞典、新西兰等国家商品化,其中 M15 甲醇汽油曾在德国和北欧大规模研究、示范,示范车辆多达千辆,并配套建设了跨国界的 M15 加油站。M85 的高比例甲醇燃料被认为是较理想的配比,德国、美国、加拿大、瑞典、日本都掌握并示范推广了这种技术。在此基础上,德国、美国先后研究生产了 FEV 灵活燃料发动机,日本研制了替代柴油的甲醇燃料发动机。

　　瑞典从 1980 年开始以 M15 大规模引入甲醇替代燃料,并计划 10 年内使甲醇替代量达到汽油和柴油消费量的 10%。为了鼓励发展替代燃料,改善大气环境,美国国会在 5 年间通过了 3 个立法法案:1988 年,里根总统签署了《替代车用燃料法案》;1990 年,老布什总统签署了《清洁空气法修正案》;1992 年签署了《能源政策法案》。其主要内容是:对生产清洁替代燃料汽车和使用替代燃料给予减免税收的优惠政策,要求各城市实施净化城市环境项目,政府部门带头使用甲醇汽车。这些法案都从政策上和经费上促进了甲醇燃料的发展。美国加州能源委员会在 1978—1998 年的 20 年间开展加州甲醇汽车示范项目,这是世界上最大的甲醇汽车示范项目,曾对 18 种甲醇汽车进行示范。20 世纪 70 年代末开始试验专用的甲醇汽车,但遇到加油站太少、不能推广的问题。到了 80 年代,转向发展既可烧 M85 甲醇又可烧汽油的灵活燃料汽车(FFV),以解决过境加油、冷启动和甲醇火焰无色等问题。从 20 世纪 80 年代中到 90 年代末,美国加州共有 15000 辆甲醇汽车及几百辆甲醇公共汽车。到 1996 年,福特 Taurus 汽车成为美国唯一在汽车生产线上大量生产的甲醇汽车。1958 年,美国加州能源委员会建立了加州甲醇燃料储备,并和多家石油公司签订了长达 10 年的租借协议,建立了甲醇地下储罐和 60 座甲醇加油站,可用于私人车辆加注甲醇燃料。从 20 世纪 90 年代中期,美国除了加州以外,还有 15 个州建立了甲醇加油站,M85 燃料汽车在 1997 年达到高峰。

　　日本对甲醇汽车的实用性试验始于 1986 年 12 月,共有 90 辆甲醇汽车进行了实用性试验。截至 1989 年底,日本对甲醇汽车的 3 年实用性试验已经结束了。通过这次实用性试验,确认了甲醇汽车的低公害性和甲醇汽车的技术实用性,同时也对相应的贮藏、流通设施材质及利用现有石油制品供给设施供给甲醇的可能性进行了研究。日本中长期能源政策中也把甲醇燃料的开发与应用放在相当重要的位置。

2. 中国甲醇燃料汽车

　　我国具有比较相对丰富的煤炭资源,因此,发展以甲醇为燃料的汽车,同样具有广阔的前景。我国对甲醇燃料的研究起步于 20 世纪 70 年代初期。早在上世纪 80 年代中期,上海大众就曾推出了以甲醇为混合燃料的桑塔纳轿车,我国第一台甲醇清洁燃料 6600 中巴汽车,于 1996 年试制成功。

　　“六五”期间由国家科委组织、交通部负责将 M15 甲醇汽油研究列入国家重点攻关项目,在山西组织有 480 辆汽车、并建有 4 个加油站的营运规模。“七五”期间,由国家科委组织、中科院负责将北内的 492 发动机改烧甲醇(M85以上)技术列入攻关项目。"八五"期间,进行中、德M100科技合作项目,有8辆桑塔纳轿车在北京行驶,并建有一个加油站。同期,国家继续将低比例M30、M50甲醇燃料应用列入攻关计划并在四川、重庆等地有数百辆汽车投入运营试验。

国内的许多科研院所对甲醇燃料汽车进行了大量的开发研究,1996年由国家科委联合福特汽车公司组织中科院、化工部、清华大学等单位参加并完成"中国山西和其他富煤地区,把煤转化汽车燃料及其应用的经济、环境和能源利用的生命周期评估"的课题研究。1997年,原国家经贸委对国家甲醇燃料汽车试验示范项目立项,并由山西佳新能源化工实业有限公司承担实施,组建50辆甲醇轻型客车队进行商业化试验示范。

山西省自行研制成功的"华顿甲醇汽油",在太原经23辆汽车试验运行5个月效果良好,并组织了十几种车型共23辆汽车参加试用,3个月使用20吨甲醇燃料,试验车无不良反应。而且汽车尾气中的常规污染物排放平均降低了30%以上。通过这次大规模试验检测认定,甲醇燃料的各项指标均达到或超过同标号国标无铅汽油,环保与节能功效突出。

实验证明,甲醇作为燃料应用于汽车已完全突破技术关,特别是以15%的比例将甲醇掺入汽油中燃烧,在技术和环保问题上完全可行,也不用改造发动机,加注燃料也不受地域限制。2002年山西省在多个城市进行了甲醇汽油产业化示范推广,并逐渐建立了多家甲醇燃料销售站。山西佳新公司生产的M85~M100甲醇燃料公交车和城际公交车,先后在阳泉、太原至晋中等地投入运营;大同云岗汽车集团公司全甲醇燃料装置,在省内外改装在用车的数量已达1000辆,年燃用甲醇1万多吨。全省累计使用甲醇汽油的机动车达到了近50万辆次,涉及近50种车型,共消耗甲醇汽油12192吨,使用变性甲醇1836吨。

经过多年的研究开发,我国在甲醇燃料汽车的开发方面已具有了一定基础,作为在汽油中掺入5%、15%、25%和85%的甲醇及纯甲醇(100%)汽车燃料的试验研究,也进行了大量的实质性工作。特别是低比例掺烧甲醇,汽车无需做任何改动,直接掺入汽油中使用。

5.3.3 甲醇燃料发动机的性能

由于甲醇与汽油的理化性质及燃烧特性不同,相比于传统汽油汽车具有一些有利的变化和改进,主要是降低排放和提高发动机的热效率。

(1)甲醇汽油是一种高辛烷值燃料。添加甲醇可显著降低有害物质排放量,是一种清洁的车用燃料。甲醇汽油燃烧比燃烧汽油的排气中有害物少,对环境污染的影响也较小,汽油燃烧 100g 生成 CO_2 308g,而 189g 甲醇燃烧(相当于燃烧 100g 汽油的发热值)产生 CO_2 259g,即减少 16%,比汽油燃烧排气的一氧化碳和未燃烧的碳氢化物也少的多,耗量也小的多。美国(DOE)研究中心用 10 种汽车行驶含甲醇 5%～10%的汽油试验结果表明,在一般汽油发动机上用甲醇汽油时,燃烧排气中的一氧化碳比用汽油减少 30%左右,氮氧化物比用汽油时减少 30%～50%,未燃烧碳氢化物减少 30%～60%。M50 比 M10 甲醇汽油更先进,甲醇含量更高,因而环保效果更明显。经河南省环保局环境监测站实际测试,CO 降低 90%以上,CH 化合物降低 90%以上。

(2)甲醇的辛烷值高,抗爆性比汽油好,可以适当提高发动机的压缩比,提高燃料的利用效率。甲醇的汽化潜热比汽油大,可降低进气系统的温度,增加进气充量,有利于功率的提高。在相同过量空气系数下甲醇的滞燃期比汽油要短,说明甲醇具有较宽的可燃稀限,具有更稳定的着火与燃烧特性。甲醇燃料层流火焰传播速度比汽油快,特别在稀混合气下更为明显,这是甲醇稀燃仍有良好性能的原因。甲醇发动机循环变动比汽油机低 50%～80%,即使在过量空气系数($\varphi_a = 1.6$)下,循环变动率不超过 10%。短的滞燃期,稳定的燃烧过程使得甲醇机的热效率比汽油机高 7%～13%。

但是,甲醇燃料本身的特点也给甲醇汽车带来了一些问题,常见的几种情况如下:

(1)甲醇燃料具有腐蚀性。甲醇具有较强的化学腐蚀性,能腐蚀铝、铅、塑料、合成橡胶等。甲醇以及甲醇燃烧反应过程中产生的甲醛、甲酸、大量水蒸汽、未燃甲醇等均对金属表面有腐蚀性,造成燃烧室周围机件的磨损,如进排气门座、进排气门、气门导管、活塞环、缸套等。所以在设计新的发动机时要选择合适的机件材质和热处理工艺,如气门将铁类合金改为镍类合金,气门座烧结材料中添加硬质微粒并作铅熔渗处理、活塞环镀铬等并研制专用的甲醇燃料润滑油和腐蚀抑制剂。

(2)甲醇热值低。甲醇的热值是石油系燃料的一半。为了保证同样的行驶里程,燃料贮量必须加大一倍。发动机燃料供给系易产生气阻。由于甲醇沸点低,在发动机正常工作时易产生气阻。

(3)甲醇汽油易分层。甲醇汽油的稳定性主要取决于混合液中的水分,当水分达到一定含量时,甲醇会从基础汽油中分离。

(4)冷起动时,甲醇的初沸点比汽油高。甲醇的汽化潜热(1167kJ/kg)是汽油的(380～500kJ/kg)二倍多,甲醇在进气管道内汽化时要吸收大量的热,使进气管温度降低,造成甲醇汽化困难,并且混合气温度很低,进入气缸后造成缸温很低,并且甲醇汽化量少,难以着火起动。另外,由于甲醇导电率高于汽油,在冷起动时,由于使用过浓的混合气,混合气中的液态成分较多,易于引起火花塞短路。目前冷起动问题通过各种手段已获得解决。

(5)非常规排放物高。甲醇燃烧反应过程中产生甲醛、甲酸等化合物作为非常规排放的污染物比汽油燃烧排放量要多,但当用专用催化器处理后可以达到尾气排放标准要求。

(6)甲醇是一种良好的极性溶剂,汽油是一种良好的非极性溶剂,它们对发动机的弹性胶体、密封件等有不同程度的溶胀作用。解决甲醇汽油溶胀性的办法有两种:一是改用不被甲醇腐蚀的氟橡胶;二是在燃油中添加溶胀抑制剂,如羧酸或酰氯与芳胺反应制得的溶胀抑制剂,添加少量即能达到要求。

5.3.4　甲醇燃料汽车应用

2013 年 4 月 20 日中国上海车展上国内自主品牌汽车领导者吉利汽车加快新能源步伐,吉利汽车首次对外披露了作为国家新型燃料汽车试点先锋的英伦 SC7 甲醇车项目进展。英伦 SC7 甲醇车如图 5.15 所示。

图 5.15　英伦 SC7 甲醇车

2013 年山西省甲醇汽车试点上,原机械工业部部长何光源、山西省副省长任润厚、工业和信息化部节能司副司长高东升、浙江吉利控股集团副总裁、销售公司总经理刘金良等出席启动仪式。100 辆吉利英伦 SC7 甲醇出租车被交付使用,成为国家新型燃料汽车试点的先锋。作为全国首个甲醇车试点城市,晋中英伦 SC7 甲醇出租车的交付使用标着甲醇汽车试点工作拉开了序幕。

吉利是我国首家进行甲醇车自主研发的企业,也是目前国内首家获得国家甲醇车生产资质的企业,自 2005 年开始甲醇汽车研发工作,至今已有近 12 年的研发经验。曾列入上海市十大高新技术领域、甲醇发动机荣膺上海市重点新产品等。吉利集团 M100 甲醇车,整车常规排放满足国 Ⅳ 标准,非常规排放满足工信部对甲醇汽车的甲醛排放限值的要求。动力性比同型号发动机的汽油车高 5%～10%,比同型号发动机的 CNG 车高 30%左右。使用甲醇燃料,按照汽油与甲醇的市价,同型号甲醇车较汽油车燃料费用可节省 40%～50%。

旗云甲醇燃料汽车(图 5.16)是由奇瑞公司潜心研发成功的一种新型甲醇燃料汽车,可使用甲醇和汽油双燃料,该车型出租车兼具经济、环保、可靠、安全四大优势。由于采用甲醇作为主要燃料,使得该车型在出租车运营时,实现了更低的运营成本和更优的排放指标,据计算,与同排量汽车车型相比,甲醇汽车燃料费用按照目前的价格,比汽油节省 1/3 左右的费用。

图 5.16　奇瑞旗云甲醇车

5.4　乙醇燃料内燃机

5.4.1　乙醇燃料特性及生产

1. 乙醇理化特性

将燃料乙醇掺入汽油可以作为车用燃料,常规使用的也就是 E85 燃料,其按汽油 15%和生物乙醇燃料 85%的比例混合而成。既可以使用此种混合乙醇燃料又可以使用常规汽油的汽车,通常也称为灵活燃料汽车(FFV)。燃料乙醇是一种绿色可再生资源,随着科学技术的发展,粮食和各种植物纤维都可以加工生产出燃料乙醇,燃料乙醇的原料来源相当丰富,而且可以循环再生。

乙醇在常温常压下是一种易燃、易挥发的无色透明液体,低毒性,纯液体不可直接饮用;具有特殊香味,并略带刺激;微甘,并伴有刺激的辛辣滋味;易燃,其蒸气能与空气形成爆炸性混合物,能与水以任意比互溶;能与氯仿、乙醚、甲醇、丙酮和其他多数有机溶剂混溶。乙醇与甲醇和汽油等理化性质比较见表5.9。

表 5.9　乙醇与其他燃料理化性质比较

项目		甲醇	乙醇	汽油
化学式		CH_3OH	C_2H_5OH	$C_4 \sim C_{14}$的碳氢化合物
分子量		32.04	46	95～120
元素质量组成 (质量比/%)	O	50	52.2	0
	C	37.5	13.0	85～88
	H	12.5	34.8	12～15
20℃密度/(kg/L)		0.791	0.789	0.72～0.75
理论空燃比(质量比)		6.47	9.0	14.7
雷德蒸气压(37.8℃)/MPa		0.037	0.018	0.05～0.09
沸点/℃		64.5	78.32	30～190
凝固点/℃		−97.8	−117.3	−57
闪点/℃		11	13	43
自燃温度/℃		470	423	260～370
水中的溶解度/(mg/L)		互溶	互溶	100～200
汽化潜热/(kJ/kg)		1109	904	310
燃料低热值/(MJ/kg)		19.93		43.03
辛烷值	研究法	112		84～96
	马达法	92		70～84

由表5.9所示,乙醇和甲醇有很多共性,同样可单独作为汽车燃料,也可以与汽油混合作为混合燃料。其特点如下:

(1)乙醇燃料的低热值为汽油的62%左右。因此,当在汽油机上燃用乙醇时,应调整循环油量从而使混合气的热值大体与汽油空气混合气相当或更高,使发动机在燃用乙醇燃料时动力性能不降低甚至可以提高,同时也有合适的空燃比。

（2）乙醇含氧量高，存在自供氧效应，减少 CO 生存条件，使 CO 较多转变成 CO_2，CO 和 HC 排放量明显小于汽油，但 NO_x 排放量与汽油相当。

（3）乙醇燃料的汽化热为汽油的 2.9 倍，从而使混合气在汽化时温降大，这有利于提高发动机的充量系数和动力性，但不利于燃料在低温下的蒸发，会造成发动机冷启动困难（尤其是在冬季）和暖机时间长。

（4）乙醇燃料的辛烷值高，在火花点火发动机上使用时，可以提高压缩比，有利于提高发动机的动力性能和经济性能。乙醇燃料的十六烷值低，在柴油机上使用时，需要有助燃措施。

（5）乙醇燃料的汽化热大，进入气缸的混合气温度低，滞燃期长，应适当增大点火提前角。

（6）乙醇的黏度比汽油高得多，当管道中流动阻力过大时，会导致火花点火发动机在高速、高负荷时功率上不去。

另外，乙醇的理化性质较接近汽油，又容易与汽油混溶，国外首先以低比例（一般小于 15% 体积比）的乙醇与汽油形成混合燃料用于汽车上，尽管动力性能比只用汽油时略有减少，为了用户方便，无混合燃料供应时，仍可只用汽油保持原来发动机性能，所以对发动机不变动不调整。当需要以较多的乙醇代替汽油时，可以在汽油中掺入中比例或高比例的乙醇如 E20、E40、E50、E60 以及 E85 等，但是需要对发动机乙醇混合气空燃比及点火提前角进行调整，这一点和甲醇混合燃料是类似的。

2. 乙醇制备及生产

生产乙醇的原料及资源非常丰富，当前在以谷物及含糖类植物为主生产的同时，有的国家早已研究用其他原料（如饮料业、造纸的废液）、林业、农业的残余物、城乡固体垃圾等生物质生产乙醇。由于世界上粮食危机一直存在，必须研究、开发用粮食作物以外的原料生产乙醇。有代表性及有开发前景的部分乙醇原料有：淀粉及含糖类原料，如玉米、小麦、薯类、甘蔗、甜菜、高粱以及糖蜜等；野生植物，我国广大的山区及林区有较多的野生植物的果实、根茎及嫩叶含有淀粉及糖分，可作为生产乙醇的原料。目前我国主要以谷物为原料生产乙醇，不仅成本高，而且涉及粮食安全问题，所以应加大用生物质生产乙醇的研究开发力度。

5.4.2 乙醇混合燃料汽车

1923—1925 年，巴西在点燃式发动机上试用过乙醇 E100。第一次及第二次世界大战期间，由于要消耗大量的燃料，一些国家使用了大量的乙醇做燃料,如德国用用了 2 万多吨乙醇,巴西使用了含有大比例乙醇的汽油/乙醇混合燃料 E40、E62 等。

20 世纪 50—60 年代石油工业发展迅速,廉价的石油大量供应,国际每桶石油只 2~3 美元。燃料乙醇的生产及消费受到影响而无法发展。70 年代初的石油危机使很多国家担心无油可用,石油资源本来就匮乏的国家为了减少对进口石油的依赖,更加积极寻找代用燃料。醇燃料是液体燃料,可以利用原有储存、运输及分配的基础设施,不需要很多投资。此外可以用来生产甲醇及乙醇的原料有煤、天然气及丰富的生物质资源等。因此醇类燃料受到国际重视,进行了大量的实验研究和应用工作。

80 年代后石油供需矛盾趋于缓和,价格回落,环保呼声却日益高涨,排放法规日趋严格;另一方面国际上通过试验研究确认醇燃料能够较明显地降低内燃机的多种排放物,于是石油资源特少及要求降低的国家如巴西、美国、日本、加拿大、瑞典、意大利、德国等,继续以减少进口石油、降低排放为目的,研究和应用醇燃料。一些世界级的大汽车厂都积极开发和生产醇燃料汽车,美国等国家的议会还将甲醇及乙醇列为清洁燃料。

90 年代石油价格平缓,而甲醇及乙醇的价格又居高不下,同时在 70 及 80 年代,一些国家对醇燃料进行的大量试验研究及应用工作,无论在掺烧或者使用 100％甲醇或乙醇方面都已经取得了很多成果,积累了经验。在考虑了供油系统及有关零件材料需要适应醇燃料进行变动的情况下,在生产、组装传统汽车的生产线上下线的汽车,可以可靠地使用醇燃料,于是研究及开发醇燃料的工作及投入的资金及人力明显的有所减少。

90 年代国际上日益重视温室气体二氧化碳排放使地球气候变暖的问题,乙醇是用生物质原料生产的,而植物在生长过程中的光合作用吸收大气中的 CO_2,对减少大气中 CO_2 浓度有贡献。此外,甲醇本身有毒性,美国又研究发现用甲醇生产的甲基叔丁醚污染水资源,要求逐步禁止使用,以乙醇代替。于是 90 年代中期以后,国外将开发清洁燃料的重点转移到燃料乙醇。

我国对开发使用乙醇汽油的摸索始于本世纪初。早在 2000 年 9 月,有关部门就已经开始了对乙醇汽油的研发。研究人员充分借鉴美国使用车用乙醇汽油的 30 多年的实践经验和已经成熟的法规、标准,广泛征求国内有关方面专家的意见,等效采用美国试验和材料学会的标准及相关试验方法,在《车用无铅汽油》国家标准的基础上增加了一些技术要求,并进行了多次的试验和讨论。2001 年 4 月,国家质量技术监督局在此基础上颁布了《变性燃料乙醇》国家标准(GB-18350—2013),《车用乙醇汽油》国家标准(GB-18351—2004)。中国石化也制订了《车用乙醇汽油调合组分油》企业标准(Q/

SHRO-10—2001),《〈石油库设计规范〉车用乙醇汽油调合设施补充规定》企业标准((SHQ-003—2001)、《〈汽车加油加气站设计规范〉车用乙醇汽油补充规定》企业标准(SHQ-002—2001)等相关规定,对乙醇汽油的储存、运输、生产等操作规范及作业标准、配送中心的建设等制定了一系列标准。

2002 年初,我国进入了乙醇汽油实际推广的实战阶段。国家经贸委、发改委等八部委于 2002 年 3 月发布了《车用乙醇汽油使用试点方案》和《车用乙醇汽油使用试点工作实施细则》。2002 年 6 月,河南省的郑州、洛阳、南阳及黑龙江省的哈尔滨、肇东五个城市成为首先进行车用乙醇汽油的使用试点城市,试点周期为 12 个月,2003 年 6 月 30 日前完成试点工作。河南、黑龙江的乙醇汽油使用试点工作由此轰轰烈烈地展开。试点证明,试点区域内环境改善,推广使用车用乙醇汽油无论从技术、管理、经济上都是可行的。

2004 年 2 月 10 日,八部委总结以往经验,再次联合下发《关于印发〈车用乙醇汽油扩大试点方案〉和〈车用乙醇汽油扩大试点工作实施细则〉的通知》。在这次扩大试点的尝试中,黑龙江、吉林、辽宁、河南、安徽五省被列入其中,这些省份将在全省范围内封闭推广乙醇汽油,禁止销售普通汽油。另外,湖北省 9 个地市、山东省 7 个地市、江苏省 5 个地市、河北省 6 个地市成为局部试点城市。按照《通知》的精神,到 2005 年底,上述各省、市辖区范围基本实现车用乙醇汽油替代其他汽油(军队特需、国家和特种储备用油除外)。

5.4.3　乙醇燃料对发动机的影响

汽油机在改用乙醇燃料后,发动机结构方面要做一些变动和改进,这取决于乙醇燃料的理化性质、燃烧特点等。乙醇和甲醇同属于醇类燃料,在性质特点方面类似,所以发动机结构方面的变动和改进也与甲醇汽车类似。具体内容如下:

(1)提高压缩比,要充分利用乙醇辛烷值高,抗爆性好的特点,一般汽油机的压缩比可以提高到 12～14,同时提高压缩比要考虑燃烧室的形状、缸内气流运动方向及强度,与火花塞的位置配合,能否实现最佳的燃烧过程。从理论上分析,一般汽油机缸内有组织的气流运动较弱,再改用醇燃料,提高压缩比时,应组织较强的气流运动,使醇燃料与空气更有效混合。

(2)改善燃油分配均匀性及供油特性。乙醇的容积耗量在功率相等时比汽油大一倍多,因此选用乙醇燃料时,采用喷油器的汽车要考虑其流量特性是否满足要求及材料的相容性。重新确定混合气的空燃比。由于乙醇的汽化热高,每循环供应量大,在发动机实际运转时很难完全汽化,如用单点喷射,各缸间分配不均匀性比汽油突出,各缸分配不均匀将导致燃烧不完善,负荷不均匀,功率下降及油耗增加。如果采用使各缸进气管长度及阻力尽可能一致、混合气进行预热等措施,则有可能改善混合气的形成及均匀分配。

(3)混合气空燃比的调整。醇燃料混合气的可燃界限范围宽,通常是汽油机改用醇燃料后会提高压缩比,提高了缸内气流运动速度及压缩行程终点的缸内温度,这都有可能使用更稀的混合气。如果不采用三元催化器,不要求在理论空燃比附近工作时,汽油机改用乙醇燃料后,都需要调整混合气空燃比,使用更稀的混合气工作。

(4)点火时间的选择。由于乙醇的着火温度和汽化潜热比汽油高,致使乙醇滞燃期比汽油长,所以乙醇发动机相对于汽油发动机而言,点火时间应当提前才能使乙醇发动机输出最大的功率。点火提前角对 CO 排放基本无影响,推迟点火,HC 排放和 NO_x 排放可以降低。

(5)进气预热以改善冷启动性能。在乙醇发动机未启动加热前,要利用电加热或其他加热系统为混合气预热,以保证乙醇发动机的冷启动。但是在发动机正常运转之后,维持乙醇发动机自然进气温度即可使发动机获得良好的性能指标。

5.4.4 乙醇汽车典型应用

由于美国全境分布着众多的 E85 燃料加油站,因此此种类型的汽车在美国的应用十分广泛,得到了良好的发展。目前,美国有超过 800 万的灵活燃料汽车正在使用。

美国通用汽车公司旗下有多款可以使用 E85 燃料的发动机、涵盖四缸、六缸和八缸系列,排量从 2.4L 到 6.0L,其应用品牌涵盖了通用旗下的所有的品牌系列,如雪佛兰、别克、凯迪拉克和 GMC。

雪佛兰 Impala2012 款轿车,采用可变气门正时技术,使用 E85 燃料的 3.6L、V6、DOHC SIDI 发动机,EPA 估计燃油经济性在高速公路上为 7.8L(常规汽油),10.69L(E85)。其车身油箱加注口有明显的标识,表明此车可以加注 E85 燃料。

美国福特汽车公司开发了多款发动机可以燃烧 E85 燃料,其中 2013 款福特福克斯轿车(图 5.17)搭载 2.0Ti-VCT GDI I-4 发动机,EPA 估计燃油经济性在高速公路上为 40MPG(常规汽油),33MPG(E85)。

沃尔沃轿车 2006 年秋季在欧洲市场投放了生物乙醇燃料的车型,全新的 C30 也推出了相应的"绿色"车型。沃尔沃 3 个系列(C30、C40、V50)的 9

图 5.17　福特福克斯乙醇轿车

种车型可以提供多种燃料车型。4 气门自然吸气发动机可以产生 125 马力的动力,生物乙醇和汽油可以同时注入一个 55L 的油箱内。由于燃料乙醇具有腐蚀性,发动机的油管、阀门和衬垫都经过了改良,燃油喷嘴也得到加固且较原来型号有所增大,目的是可以有更多的燃料同时注入发动机。同时它们还对发动机管理系统做了相应的调校,该系统将会严格地监测油箱内的混合燃料比例,自然调节燃油泵入量。

奇瑞 A5 灵活燃料 CMG 多燃料轿车是一款能混合燃烧乙醇、汽油、CMG 气体燃料的清洁能源汽车,具有燃料价格便宜、排气污染小、安全性能高等众多优点。作为新型的节能型轿车,奇瑞 A5 灵活燃料＋CNG 多燃料轿车在节能环保方面具有极大的优势,其为发展汽车替代燃料技术,打造汽车能源多元化格局起到了急先锋的作用。

5.5　氢燃料内燃机

5.5.1　氢燃料特性

1.氢燃料的特点

与其他作为内燃机燃料的化石燃料相比,氢气是唯一不含碳元素的燃料,氢气燃烧产物只有 H_2O,被誉为最为清洁的燃料。并且氢能作为二次能源来源广泛,它既可以来源于化石能源的工业副产氢,还可通过太阳能、风能、潮汐能等不能稳定供电的可再生能源电解水制氢,也能从煤气、天然气、生物细菌分解农作物秸秆和有机废水中得到,更重要的是可再生和重复利用。

氢能是能够给人类世界带来"革命"的能源,使人类彻底摆脱能源问题,具有重大意义的替代能源。氢能拥有诸多传统石化燃料无法企及的优点,它是一种可以再生的永久性能源。氢气燃烧后产生的水蒸气又可以重新恢复为水,这种水-氢/氧-水之间的永久性循环,使氢能成为既没有污染物生成又不会枯竭的理想性能源。

2. 氢燃料在汽车上的应用

对于汽车行业,氢气作为能源主要有两种方式:一种是以质子交换方式的氢燃料电池,另一种是作为内燃机燃料燃烧的氢发动机。

氢燃料电池是使用化学元素氢,制造成储存能量的电池。使用氢燃料电池仅产生 H_2O 和热量,如果氢气产自可再生能源(太阳能电池板、风力发电等),整个循环过程就不会产生有害物质的排放。氢燃料电池车和传统汽车比较其能量转化率为 $60\% \sim 80\%$,为内燃机的 $2 \sim 3$ 倍。即使氢燃料电池车具有效率高、功率高及无污染的优势,是替代化石燃料汽车的理想解决方案,但成本高和安全性差等问题使得其发展受到了一定的限制。

氢燃料发动机同样可以解决能源问题,且是真正的零污染,氢燃料在空气中燃烧的排放物仅为 H_2O 和 NO_x,与化石燃料发动机比较,仅有 NO_x 为排放污染物,单一污染物的处理要比传统发动机简单。氢燃料发动机是在气缸内将氢气和空气混合后燃烧,如果在传统发动机上改动,只需去除燃油供给系统,增加氢气储藏和供给装置,主要包含控制器、喷阀、管路和气瓶等,然后重新进行标定控制参数(进气量、氢气喷射时刻、脉宽、点火时刻等)即可实现燃烧和排放的控制,开发较为容易。本章节主要讲述氢燃料发动机的结构与工作原理,以及典型的氢发动机汽车,对于氢燃料电池相关内容详见其他相关章节内容。

3. 氢燃料发动机的特点

氢气与其他化石燃料理化特性比较见表5.10。

表5.10　氢气与汽油、甲烷的理化特性比较

特性		氢气	汽油	甲烷
单位质量低热值/(MJ/kg)		120	44.5	50
单位体积低热值/(MJ/m³)		10	—	33
理论空燃比	质量比	34.38	14.7	17.25
	体积比	2.38	—	9.52
化学计量比下着火温度/℃		585	$228 \sim 501$	645

特性	氢气	汽油	甲烷
化学计量比下火焰温度/℃	2045	2200	1875
在空气中的燃烧浓度范围/%	4～75	1～7.6	5～15
气体浓度/(kg/m³)	0.082	4.6	0.714
最小点火能量/(μJ)	20	240	290
混合器热值/(MJ/m³)	3.184	3.73～3.83	3.39
火焰传播速度/(cm/s)	291	38～47	34～37
在空气中的扩散系数/(cm²/s)	0.61	0.05	0.16

氢燃料与汽油、天然气的主要成分甲烷等相比,单位质量的能量密度高,可燃界限宽,燃烧速度快,是一种良好的车用燃料。表 5.10 比较了常温常压下氢燃料与汽油和甲烷在燃烧特性方面的差异。由此看出氢作为发动机燃料有以下特点:

(1)氢气的单位质量低热值高,约是汽油低热值的 2.7 倍,但氢与空气的理论混合气标态热值只有 3.186MJ/m³,大约低于汽油 18%;

(2)宽广的着火极限,氢发动机易于实现稀薄燃烧,显著改善启动性能,提高经济性;

(3)自燃温度较高,氢的自燃温度较甲烷和汽油都要高,利于提高压缩比,提高氢燃料发动机的热效率。这一特性也决定了氢燃料发动机难以像柴油机那样采用压燃点火,而适宜于火花塞点火;

(4)氢气密度很低,常温常压下,氢气的密度只有甲烷的 1/9。对于车用燃料来讲,当车辆的续航里程一定时,氢气所需的储气罐就要比其他燃料的大得多;

(5)点火能量很低,尽管氢燃料的自燃点比甲烷、汽油等燃料都要高,但它所需要的点火能量却很低,最小可以低到 0.02MJ。因此,氢燃料发动机工作时几乎从不失火,并具有良好的启动性;

(6)燃烧速度快,氢的燃烧反应按链式反应机理进行,火焰传播速度快,是汽油的 7 倍,这意味着氢燃料发动机更接近理想等容热力循环,提高了热效率。同时,较快的火焰传播速度加快了混合气燃烧的速度并减少了循环变动。燃烧速率快使得氢发动机对燃烧室形状、湍流强度和进气涡流不敏感;

(7)氢气在空气中的扩散系数很大,氢气的扩散系数是汽油的 12 倍,因此氢气比汽油更容易和空气混合形成均匀的混合气。

(8)有害排放物少,氢气燃烧的主要产物是水,不产生 CO 及 HC,但产生一定量的 NO_x。同时,氢气火焰的淬冷距离比汽油小,因此靠近缸壁激冷层的可燃混合气燃烧得更完全。

5.5.2　氢燃料发动机汽车

1.氢发动机汽车发展概况

以氢气为燃料的汽车开发研究经历了一个曲折的过程。早在 1920 年就有人将氢作为燃料在发动机中试验,但进展不大。20 世纪六七十年代的石油危机给各国敲响了警钟,对氢的研究开始受到人们的关注。1968 年,苏联科学院西伯利亚分院理论和应用力学研究所用汽车发动机进行了分别燃用汽油和氢的试验,并研究了改用液氢的结构方案,试验取得成功,改用氢以后,发动机热效率提高,热负荷减轻。美国于 1972 年在通用汽车公司的试车场上,举行了城市交通工具对大气污染最小的比赛,大众汽车公司改用氢的汽车夺得第一名,据称它的排放废气比吸入发动机内的城市空气还干净。美国 LASL 把一辆别克牌轿车改成液氢汽车,发动机是一台增压的六缸四冲程发动机,充装一次液氢后行驶 274km。

进入 20 世纪 90 年代,由于大气中 CO_2 的增加,地球的温室效应日益严重。而氢气燃烧不产生 CO_2,所以氢气发动机的研究开发再次引起人们的重视。目前,美、德、日等发达国家对其研究方兴未艾。美国福特公司开发的 U 型概念车既可以用汽油,也可以用氢气作燃料。福特公司宣称,氢气能够将发动机效率提高 25%～30%,而这一效率已和氢燃料电池大致一样。在氢燃料发动机工作过程中,包括 CO_2 在内的污染物排放几乎可以忽略不计。宝马公司从 1978 年开始开发以氢气为燃料的发动机汽车。由柴油机/汽油机的改造到现在已经研发了 6 代氢燃料内燃机驱动的轿车。宝马公司在 BMW 735i 轿车上进行研究试验,配备采用氢气为燃料的 3.5L 6 缸火花点火式发动机。氢气采用液态贮存方式,每次加注燃料可供汽车行驶 299km。该车保留了原来的汽油喷射系统,可以选择汽油或氢气燃料工作,氢气采用多点喷射方式,可防止回火,且进一步提高了效率。2004 年 9 月,宝马集团在法国 Miramas 用一部名为 H_2R 的氢内燃机驱动的汽车创造了 9 项速度纪录。该车装备 6LV12 氢燃料内燃机,最大功率为 212kW,0～100km/h 加速约 6s 最高速度达 302.4km/h。宝马公司已经完成了批量生产前的准备工作,并在德国的慕尼黑、柏林等大城市建设了氢气加气站,从 2005 年开始,逐步将氢燃料内燃机动力的轿车推向市场。

2007 年,10 个欧洲合作伙伴历时三年成功完成了的氢燃料内燃机项目(HyICE),实现对氢燃料内燃机的优化。该项目由欧盟委员会发起并推广,项目研发出一款氢燃料内燃机,这款发动机比其他驱动系统在性能和成本上更具鲜明优势。氢燃料发动机的升功率达到 100kW,HyICE 的专家已经证明这款发动机拥有面向未来的技术,性能足以媲美传统发动机。这也是首次研究人员能够完全专注于氢燃料内燃机,从而充分利用氢的特性。到目前为止,由于氢燃料加注基础设施尚未普及,氢燃料内燃机设计为使用汽油和氢双燃料,此项新技术将使氢的使用得到优化。格拉茨技术大学、贺尔碧格阀门技术公司、MAN 商用汽车公司、沃尔沃科技公司及宝马集团研究与技术中心为这个项目开发和试验了两种燃气混合模式概念:直喷和外部致冷混合模式。采用这两种方法,发动机的性能均提升一倍,同时能耗降低。

我国在氢气发动机研究方面起步较晚,但已有了一些卓有成效的成果。浙江大学进行了氢发动机的试验研究,试验采用了缸内直接喷射,并用模糊神经网络控制,试验结果表明氢气发动机的异常燃烧、动力增加及 NO 减少在很大程度上取决于正确的喷氢系统、喷射正时及点火正时;浙江大学、吉林工业大学、天津大学、北京工业大学等进行了有关在汽油机的燃烧过程中加入部分氢气改善汽油机燃烧过程的研究;上海交通大学利用计算机数值模拟技术对氢气发动机的性能进行了预测。清华大学、西安交通大学进行了天然气掺氢气发动机的试验研究,结合天然气和氢气的燃料特性得出了两种气体的混合燃料在不同工况下的燃烧和排放特性。北京理工大学攻克了电子控制、运行安全技术、氮氧排放控制等难关,已经成功开发出氢燃料内燃机样机。

2.氢内燃机的结构和工作原理

氢燃料内燃机主要有两种混合气形成方式:外部混合和内部混合。

外部混合气形成方式是指在进气道喷射氢燃料,进气道喷射结构简单,与传统的气体燃料(如天然气)内燃机结构相似,因而大大减小了在研发生产上的难度。由于氢气的密度极低,进气道喷射的氢气必然要占据很大的气缸空间,导致可吸入空气量减少,最终形成的氢与空气的理论混合气热值降低,单位工作容积发出的功率下降。在理论混合比状态下,氢气占用约 $1/3$ 的气缸容积,而相同工况下,汽油只占用 1.7% 的气缸容积。这导致缸外喷射式氢燃料内燃机比汽油机的功率降低 15% 左右。进气道喷射在高负荷、高压缩比下易发生早燃、回火等异常燃烧,通过调整发动机的运行参数可以在一定程度上消除回火等不正常燃烧的现象。

内部混合气形成方式是指在进气阀关闭后将氢燃料直接喷入缸内。内部混合气形成的氢燃料发动机主要有两种喷射方式:一是在压缩行程早期低压喷射。这种方案对喷氢系统要求比较低,可以有效地避免回火,但由于燃料喷射较早,容易发生早燃,因此也不能采用较高的压缩比。低压喷射对温度有一定要求:如果喷射的是 $-50\sim0℃$ 的低温液态氢,可使其功率比汽油机高 20%;但如果是在室温下喷射则容易发生早燃,并使其功率降至与汽油机相当的水平;二是在压缩行程后期将高压氢喷入燃烧室内,一般是在上止点前 4°~100° 曲轴转角将燃料喷入,上止点前高压喷氢虽然没有低压喷氢时燃烧得好,指示热效率稍低,但能明显提高输出功率,而且不会发生回火、早燃和爆震,压缩比可以达到 12~15,从而补偿热效率,提高了发动机的动力性。缸内直喷氢气不再占据气缸容积,由于喷射时缸内高的压力和温度,燃烧起始阶段火焰速率大,有助于火焰的迅速发展,缸内直喷时氢火焰发展期是缸外预混合时候的一半。在同样排量下缸内直喷氢燃料内燃机的功率比汽油机增加 20% 以上。换气过程中新鲜空气对燃烧室的冷却作用又大大减少了不正常表面点火的发生,使得内燃机运转平稳可靠。然而,缸内喷射式氢燃料内燃机的喷射压力较高,喷嘴直接置于高温高压的气缸内,使得喷射系统复杂、部件可靠性问题突出。而且氢极易通过喷射阀和阀座间的狭缝泄漏,因此,这些偶件要求加工得十分精密,并需使用少量润滑油。另外,由于混合过程很短,增大了混合和点火组织的难度。但随着技术的进步,这些问题都将得到解决。

3. 氢内燃机的异常燃烧和解决方案

虽然氢气发动机比常规石油燃料内燃机具有着火界限宽广,燃烧速度快,使内燃机能在稀薄混合气下运转,废气有害排放物少等一系列优点,但若其工作过程组织不当,易出现异常燃烧,不仅内燃机性能急剧下降,甚至内燃机无法正常工作,熄火停止运转,因此必需研究氢燃料内燃机的异常燃烧机理及其影响因素和消除异常燃烧的技术。

氢燃料内燃机的异常燃烧有 3 种情况:燃烧初期的燃烧压力升高率太高和爆震、燃烧过程的早燃和进气管回火。这 3 种异常燃烧有时可以相互转化和促进,比如早燃的不断提前最终可以导致回火的发生,过高的压力升高率容易产生缸内炽热点促使早燃和回火发生。

燃烧初期的燃烧压力升高率过高常常出现在外部混合气形成方式上,且在混合气较浓的情况下。采取外部混合气形成方式的氢内燃机的混合气形成和燃烧,属于预混火焰的混合气形成和燃烧。在着火以前,形成了大量的预混合气,从而在燃烧初期大量混合气同时燃烧,着火后即可能产生高的压力升高率,并出现压力波动现象,从而加大了发生不正常燃烧的可能性。一般而言,急剧的压力升高率除了和混合气形成方式、混合气浓度有关外,还和压缩比、点火时刻、着火延迟等因素有关。对于内部混合气形成方式的氢内燃机,过高的压力升高率的出现和缸内压力的波动与混合气形成质量、喷射正时、油束分布、点火正时,以及它们之间的配合都有关系。

早燃和回火易发生在采用外部混合气形成方式下的氢气内燃机上,在高压缩比,高负荷(即混合气较浓下)容易发生。原因是在高压缩比高负荷下,燃料放出的热量多,以致于排温有所升高,而高速工况则容易使燃烧滞后也有助于排温升高。这样在进气阀开启后,残余废气仍保持较高的温度。从而使氢气在进气行程中即被高温的残余废气所点燃产生回火。此外,在高压缩比高负荷下,缸内温度高,容易造成某些炽热点(如火花塞、排气阀头部等),则混合气容易被这些炽热点点燃而引起早燃。研究发现,在发动机压缩比从 5 提高到 8,转速从 1100r/min 逐渐提高到 2100r/min 时,在进气管喷氢方式下,过量空气系数为 1.7～1.8 时出现了早燃;在进气行程直接向缸内喷射时,且过量空气系数小于 1.4 时,出现了早燃,并最终导致了回火,使内燃机最终停车。

由此可知,氢燃料内燃机产生异常燃烧的主要原因是氢的点火能量低,燃烧速率快,点燃后造成缸内压力升高率过大。由于氢的着火界限很宽,在进气阀开启期间,进入气缸的氢气与空气混合气会受到高温废气或高温的炙热点及沉积物等的作用而着火,串入进气管中,容易形成回火现象。由国内外已有研究成果可知,抑制和消除回火的常用方法如下:

(1)由于早燃可能是由于气缸壁内的炽热点和较高的压缩比所引起的,所以必须保证气缸的严格清洁,并且采用相对较冷的火花塞和更狭小的火花塞间隙,同时采用合适的压缩比。

(2)根据异常燃烧机理可知,任何能减少火焰传播速度,增加点火所需的能量和淬熄距离的方法都可以减少回火。为此,采用稀燃、废气再循环(EGR)都可以抑制回火的产生。

(3)采取有效措施降低进气温度,如喷液态氢气、喷水或喷射冷空气。

通过研究向进气管内混合气喷水的氢发动机运行情况,发现对回火有一定程度的抑制作用,NO_x 的排放也有所下降。但是这种方式需要较大的喷水率才有明显效果。EGR 也是减少回火的有效途径。但是 EGR 率(废气进气量/总进气量)需要在 25％～30％以上才有明显的效果。

采取液氢供氢系统,利用液氢的低温来降低吸入空气的温度,该方法由于降低了吸入空气的温度,使混合气正常燃烧的范围加宽,实际效果比较好。缺点是液氢供氢系统成本较高,此外该系统还受到发动机运动副的耐冻能力和循环工作情况的限制。

(4)采用缸内氢气喷射方式,氢气在进气形成后期直接喷射进入气缸,换气过程中新鲜空气对燃烧室的冷却作用大大减少了不正常表面点火的发生,使得内燃机运转平稳可靠。

(5)还有学者提出在混合气中添加甲烷、氮气等可抑制早燃。其中添加甲烷还可以弥补使用氢气燃料而带来的功率不足,它们的混合正好可以解决燃烧过快和过慢的问题。

5.5.3 氢燃料发动机研究历程及现状

1. 研究历程

氢燃料内燃机研究的起源可以追溯到 19 世纪的工业革命时期,工程师们设计了各种燃料来源的动力机械,氢燃料内燃机也是其中的一种。最早关于氢燃料内燃机研究的研究成果记载来自 1820 年的剑桥大学[38]。在 1841 年,英国颁发了利用氢氧混合工作的内燃机专利。1852 年,慕尼黑的宫廷钟表匠制成了使用氢氧混合工作的内燃机[39]。这些最初出现的内燃机和现代的内燃机在结构和性能上和现代内燃机有很大的不同,仅仅探索了氢燃料内燃机的工作原理。

20 世纪早期,实用的氢燃料内燃机开始出现,1928 年装备氢燃料内燃机的齐柏林飞艇完成了载人横跨大西洋的工作。里卡多和托斯波尔在此期间用了 20 年时间对氢燃料内燃机的燃烧和工作过程进行了详细研究[40]。这些工作为后来的氢燃料内燃机研究提供了借鉴,但并没有使氢燃料内燃机成为主流的车用动力。直到 20 世纪 70 年代前后的石油价格上涨和由此导致的能源危机,使各汽车厂商开始关注其他车用燃料,氢燃料内燃机才开始重新进入研究者的视野。

1968 年,苏联科学院西伯利亚分院在汽油机上研究了改用氢燃料的研究并取得了成功[41]。1972 年通用汽车公司举行了车辆最小污染比赛,大众汽车公司的一辆氢燃料内燃机获得了冠军[37]。1974 年开始,武藏工业大学和尼桑公司合作,开发出第一台缸内直喷(DI)氢燃料内燃机"武藏 1 号"(其后该项目持续发展,一直开发到武藏 8 号)[37]。1978 年,德国的奔驰和宝马汽车公司也开始氢燃料内燃机及汽车的开发,他们的研究也验证了氢燃料应用于传统内燃机的可能性。

20 世纪 90 年代以来,氢燃料内燃机及汽车的研究进入了一个相对活跃的时期。1994 年奔驰汽车公司和巴伐利亚汽车厂组建了进气道燃料喷射(PFI)氢燃料内燃机汽车队,MAN 公司的 PFI 氢燃料内燃机公交车队于 1996 年复活节在巴伐利亚州投入示范运行,该公交车队累计运行了超过 200 万 km[42];宝马汽车公司于 1996 年 6 月在第十一届氢能汽车会议上展出了电控 PFI 氢燃料内燃机汽车,并在 2004 年开发出 DI 氢燃料内燃机汽车,创造了多项速度纪录[43]。

福特汽车公司从 1997 年和加利福尼亚滨海学院共同研制了一系列氢燃料内燃机汽车,包括 2002 年开发了一款 PFI 氢燃料内燃机汽车,2004 年福特开发了另一款基于 PFI 氢燃料内燃机的混合动力汽车,2007 年福特开发了 PFI 氢燃料内燃机公交车,并探讨了将其市场化的可能[44-47]。我国的长安汽车集团和北京理工大学在 2007 年合作开发了满足道路行使要求的 PFI 氢燃料内燃机和汽车,至 2013 年,氢燃料内燃机样车已经稳定运行了超过 10000km[48]。

2. 研究现状

氢燃料内燃机的主要研究热点在于整机匹配、异常燃烧机理、高负荷排放研究以及整机策略等。

研究发现,氢内燃机的 NO_x 排放随燃空当量比变化而显著改变,如图 5.18 所示,在燃空当量比 0.60 以下,氢内燃机的 NO_x 排放很低,而在 0.6~0.95 之间 NO_x 排放会达到很高的浓度,甚至高于传统内燃机的排放水平。在接近燃空当量比时,NO_x 排放急剧降低。

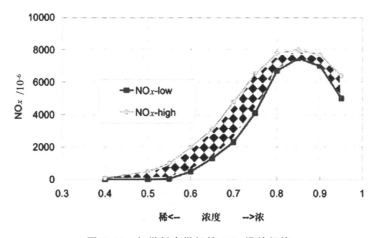

图 5.18   氢燃料内燃机的 NO_x 排放规律

控制氢内燃机 NO_x 排放的主要手段有推迟点火角度、使用稀薄燃烧及 EGR 技术的使用。Subramanian[83]在研究氢内燃机过程中发现,推迟点火提前角能够在一定程度上降低 NO_x 排放量,但是无法避免热效率的下降,尤其在高速、大负荷工况下,点火提前角的推迟会降低内燃机的输出功率和扭矩,而且其降低 NO_x 的作用也十分有限。

稀薄燃烧可以实现极低的 NO_x 排放,但难以满足较高动力输出的要求。在进气道喷水可以明显降低 NO_x,但会降低燃烧速度,并带来润滑和磨损问题[37]。采用 EGR 可以较为有效的抑制排放,在较小的 EGR 率时也不会产生明显的功率下降。

由于氢气具有较小的点火能量,因而在高负荷时由于局部过热或者残留的缸内热点易于引燃氢气,引起回火(图 5.19)。一些研究者在分析氢气的喷射及氢空气混合特性基础上,得到了不同喷射角度、时刻、压力对管路阻塞、混合及缸内燃烧和排放的影响规律。提出了一种通过喷射时刻、压力影响气门开启时气门附近的温度和浓度分布,进而抑制回火等异常燃烧的措施。可以实现全负荷的正常工作,优化后燃空比可以从 0.56 提高到 1.02。

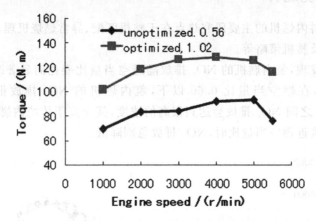

图 5.19 氢燃料内燃机的回火抑制结果

关于氢内燃机 EGR 控制策略的研究非常少见,在以往的文献中仅有 LIU[90] 提出了"三级跨越式控制策略"。除此之外,段俊法等人提出了新的控制策略如图 5.20 所示。

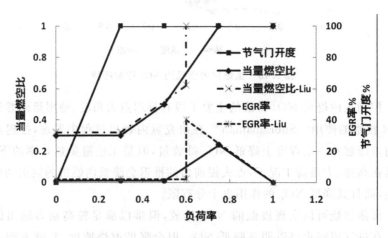

图 5.20 四级渐变式氢内燃机控制策略

这个控制策略和 Liu 的策略的不同在于控制的第三个阶段:在燃空当

量比为 0.5 时就开始引入 EGR 气体,依靠热惰性降低缸内温度和 NO 排放,在这个阶段 EGR 率随着负荷的增大而增大,直至依靠热惰性降低 NO 排放所需的 EGR 率等于采用氢气活性降低 NO 排放所需的 EGR 率。此后进入第四阶段,EGR 率逐渐减小,依靠氢气活性降低 NO 排放。值得说明的是,本策略第四阶段和 Liu 的策略第三阶段后半段是相同的。

5.5.4　氢燃料内燃机的应用

1. 宝马 Hydrogen 7

宝马 Hydrogen7 氢动力车(图 5.21)与普通 7 系车的最大区别就是其稍微凸起的发动机盖,其新增的两条棱线是为了能装下比普通宝马 V12 缸发动机稍高的双燃料 V12 缸发动机,最大输出功率为 191kW/260 马力,在 9.5s 内即可从 0 加速到 100km/h。

图 5.21　宝马 Hydrogen7

宝马 Hydrogen7 内部设计看起来与 7 系没什么区别,只是后排空间不如原来宽敞,为了能在后排背后放得下 165kg 重,可容纳约 8kg 液态氢的液氢罐而将后排向前移动了 115mm。宝马 Hydrogen7 系以氢驱动可行驶 200km 以上;汽油驱动则为 500km。如果一种燃料用尽,系统将会自动切换到另一种燃料形式,保证燃料的供应持续而可靠。要想手动转换为汽油模式也只要轻按方向盘中央右侧的"H2"钮即可,再按一下就又转换为氢动力模式,非常方便。

无论采用哪种模式运行,宝马 Hydrogen7 的动力性能曲线都要完全一样,以保证行车安全及驾驶习惯。现在的 6L V12 缸发动机只能输出 260 马力的最大功率,比 730Li 的 231 马力的最大功率稍高,但与 760Li 的 445 马力相差甚远。同时,为了安装液氢罐而使车身重量增加,以至其 0~

100km/h 加速时间增加到 9.5s，比 760Li 的 5.6s 慢了不少，甚至不如 730Li 的 8.3s，但动力的损失换来的是两种燃料模式间的完美协调。

2. 马自达 RENESIS

作为世界上唯一的转子发动机制造商，马自达不断开发和研究这种独特的内燃机所具有的潜力和可行性。随着汽车业对氢作为燃料电池车辆潜在能源的逐渐关注，马自达充满自信地推出了氢动力技术的一个实例，这就是以氢为动力的双燃料 RENESIS 氢转子发动机。

图 5.22　Mazda RX-8Hydrogen RE

RENESIS 氢转子发动机已经装到特制的 Mazda RX-8Hydrogen RE（图 5.22）试验车上，并进入行驶试验阶段。试验车装备双燃料系统，包括高压氢储气筒和单独的汽油箱，该系统既可以使用氢燃料又可以使用汽油燃料。使用这两种燃料具有相同的操作可靠性和方便性。

RENESIS 氢动力转子发动机采用电动氢气喷射器系统（氢以气态喷射）。在吸气循环中，该系统从侧气口吸入空气，并在每个发动机的双转子壳体中使用两个氢气喷射器，直接将氢气喷入进气室。RENESIS 氢动力转子发动机技术主要优点如下：

（1）直接喷射系统：由于结构上的优点，进气和燃烧工作室彼此分开。转子发动机非常适于氢的燃烧，而且不会带来回火，而这在传统的活塞发动机上通常都会发生。同时，由于双氢喷射器带有对高温敏感的橡胶密封件，分开的进气工作室为这种喷射器的安装提供了更安全的温度，而这在传统的往复式发动机上是不可避免的。

（2）双氢喷射器：由于氢气的密度极低，和汽油相比，需要的喷气量要大得多。这就要求直接使用一个喷射器，由于结构上的限制，在传统的往复式发动机上,不能直接在燃烧室上安装喷射器,因此实现起来非常困难。与此相反,转子发动机在进气室上为双喷射器的安装提供了足够的空间。利用双氢喷射器,马自达的氢转子发动机不仅在实际上是可行的,而且能够输出足够的功率。

(3)氢进气的出色混合:在往复式发动机中,输出轴每个循环转过180°;而在转子发动机中,输出轴转过角度高达270°,这使进气更有力,有助于氢和进入的空气进行充分的混合。这促进了均匀混合气的形成,而这对于氢气的燃烧是非常关键的。

3. 长安氢程

2007 年 6 月 18 日,我国自主研制的第一台高效低排放氢内燃机(图5.23)在重庆长安汽车集团成功地实现点火。高效低排放氢内燃机是国家"863"计划唯一立项的氢燃料重点项目,它的成功点火标志着我国氢内燃机研究技术已经获得了突破性的进展,为氢内燃机的产业化奠定了基础。

图 5.23　长安氢内燃机

2008 年长安自主研发的中国首款氢动力概念跑车"氢程"(图 5.24)以先进的理念、领先的技术和出色的设计,展示了氢能源汽车节能环保,兼顾充沛的动力性和驾乘舒适性的优越性,对未来氢能源的实际应用具有示范意义。

"氢程"搭载长安具备全球领先技术且已成功点火的增压中冷氢内燃机,直接以压缩氢气为燃料,配合总线电控及紧凑的人机工程布置,充分展现了高效、科技与环保特色。

其性能不仅可以达到汽油机的水平,效率上还比同排量的汽油机高30%以上,HC、CO、CO_2 排放几乎为零,完全可实现超低排放并具有良好的低温启动性。而且,"氢程"在一次性加足燃料的情况下,巡航距离可达

图 5.24　氢动力概念跑车"氢程"

230km 以上。

由于采取全铝车身结构设计,氢动力概念跑车整体尺寸虽达 4600mm×1870mm×1350mm,整备质量却仅为 750kg。配合高性能增压中冷氢内燃机,使得它的质量功率比高达 5.46kg/马力,0～100km 轻松进入 6.5s,最高速度更是突破了 230km/h。

长安氢动力概念跑车"氢程"的闪耀亮相,标志着我国在氢能源汽车应用技术研究方面摆脱了跟踪式研究的被动局面,为氢能源在我国汽车上的应用打下了基础,也将进一步推动中国新能源技术取得更大突破。

5.6　本章小结

本章对常见清洁代用燃料内燃机的燃料属性、工作特点、研究现状以及应用进行了系统分析,虽然这些清洁燃料都有明显的优点,但在现阶段,清洁代用燃料内燃机的研究仍不够深入,还停留在简单匹配的基础上,进行大规模的应用还需要国家在政策上的支持。

第6章 总结与展望

6.1 新能源动力系统总结

本书就新型能源动力系统在车辆上的应用进行了系统的调查研究,针对最为普遍的动力电池驱动系统、燃料电池动力系统、混合动力系统以及代用清洁燃料内燃机的基本组成及工作原理、发展现状和前景、主要研究热点和结论以及代表性的应用进行了系统总结。本书得到的结论如下:

(1)动力电池驱动系统近年来得到了长足的发展,动力电池的能量密度和容量不断增加,使车电动汽车满足长距离行驶成为可能。近二十年来,动力电池的价格逐渐下降,接近大规模商业应用的要求。动力电池驱动系统的能量管理、充电管理和安全管理有了显著的进步,这使动力电池驱动系统有可能成为主流动力。

(2)燃料电池动力系统和传统动力电池的工作原理并不相同,由于其依靠外界加注的燃料与氧化剂反应产生能量,燃料的加注速度很快,因而可以获得良好的续航里程和持续行驶能力。其使用完全清洁,工作平稳,具有较高的功率密度,是非常有前景的新型动力系统。由于造价很高,因而在短时间内难以进入商业生产。但在未来可能会成为最终的动力形式。

(3)油电混合动力系统既具有动力电池驱动系统工作清洁、可靠和低噪声的优点,又可以发挥传统内燃机功率密度大、动力性好、续航里程远和连续工作能力强的优势,是最为接近商业生产的清洁动力形式,但其不能做到完全的清洁,因而会成为动力电池驱动系统和燃料电池动力系统的过渡产品。

由于强混和中混的关键技术被少数公司垄断,现阶段我国油电混合动力系统发展的主要方向是弱混的插电式混合动力系统和增程式混合动力系统。

(4)清洁代用燃料内燃机可以利用当前的传统内燃机技术,只需根据燃料属性改变内燃机的控制参数即可实现高效率和良好的动力性,有害排放也大为降低。但除了氢能源内燃机以外,其他代用燃料仍然会产生大量的含碳排放,距离完全清洁还有很远的距离。

氢燃料内燃机是非常有前景的清洁动力机械,如果氢气的储运能够解决,氢燃料内燃机将和燃料电池一起成为主流的车用动力。

6.2　新能源动力系统前景展望

虽然近年来的清洁能源动力已经获得了长足的发展,但近期内尚未有某种新的动力形式成为事实上的主导清洁能源。相对而言,氢燃料内燃机、燃料电池以及动力电池系统都有成为主流的可能。进一步降低成本、提高功率密度和可靠性是清洁能源动力的主要发展方向。

参考文献

[1] 宋慧,胡骅.电动汽车的现状与发展[J].汽车电器,2001,23(4)：102-105.

[2] 陈清泉.现代电动汽车技术[M].北京:北京理工大学出版社,2002.

[3] 边耀璋.汽车新能源技术[M].北京:人民交通出版社,2003.

[4] 南金瑞,王建群,孙逢春.电动汽车能量管理系统的研究[J].北京理工大学学报,2005,25(5):384-389.

[5] 马侨.超级电容电车、快速充电站系统研制[J].城市公共交通,2015(1)：481-490.

[6] 马钧,周碧云.电动汽车产业链的模式研究[J].上海汽车,2012(11),112-116.

[7] 周树远.新能源汽车产业现状与发展前景[M].广州:广东经济出版社,2015.

[8] 赵振宁.电动客车控制器设计及控制策略研究[D].哈尔滨理工大学,2013.

[9] 蔡蔚.新能源汽车产业的机遇和挑战[N].学习时报,2015-11-19.

[10] 倪颖倩.电动汽车关键技术[D].南京理工大学,2008.

[11] 石庆升.纯电动汽车能量管理关键技术问题的研究[D].山东大学,2009.

[12] 汪晋宽,李岩,韩鹏.韩英华.电动公交车充换电站运营体系的动态建模[J].东北大学学报(自然科学版),2013(8):1065-1068.

[13] 宋庆阳.杨淑霞.贾全仓.汽车铅蓄电池充电方法的分析与探讨[J].内燃机,2010(3):49-51＋56.

[14] 叶建红,陈小鸿.纯电动汽车供能策略研究[J].同济大学学报(自然科学版),2011(10):1531-1536.

[15] 钟文彬,周林杰.纯电动乘用车总布置设计研究[J].上海汽车,2010(8):3-7.

[16] 沈勇,盛军其,盛连军.区域电网规划中的智能电网应用[J].电力与能源,2012,33(2):120-123.

[17]刘清.电动汽车的充电模式及充电站对电网电能质量的影响分析[J].中国高新技术企业,2011(27):43-46.

[18]刘昭,王强,高兆丽.对电动汽车发展的仿真预测[J].山西电力,2011(4):30-33.

[19]唐惠龙,牟宏均.电动汽车所用牵引电池的性能简介与充电技术探讨[J].价值工程,2011,30(24):49-50.

[20]D. V. Ngo,T. Hofman,M. Steinbuch,et al. Merkx. Improvement of Fuel Economy in Power-Shift Automated Manual Transmission through Shift Strategy Optimization – An Experimental Study[J]. Vehicle Power and Propulsion Conference （VPPC）, 2010 IEEE,2010.

[21] Anderman Menahem. The challenge to fulfill electrical power requirements of advanced vehicles[J]. POWER SOURCES,2004(127):2-7.

[22] Szwabowski SJ,Hashemi S,Stockhausen WF,et al. Ford hydrogen engine powered P2000 vehicle[J]. SAE paper,2002(1):243.

[23] Chan C C. The State of the Art of Electric,Hybrid,and Fuel Cell Vehicles[J]. Proceedings of the IEEE,2007,95(4):704-718.

[24] Chan C,Chau K. Modern Electric Vehicle Technology[J]. Power Engineer,2001,16(5):240-240.

[25] Morimoto S,Sanada M,Takeda Y. Wide-speed operation of interior permanent magnet synchronous motors with high-performance current regulator[J]. IEEE Transactions on Industry Applications Ia, 1994,30(4):920-926.

[26] Johnson V H,Wipke K B,Rausen D J. HEV Control Strategy for Real-Time Optimization of Fuel Economy and Emissions[J]. Mccarthy, 2000.

[27] Tang XG,Kabat DM,Natkin RJ,et al. Ford P2000 hydrogen engine dynamometer development[J]. SAE paper,2002(1):242.

[28] Ceraolo M,Donato A D,Franceschi G. A General Approach to Energy Optimization of Hybrid Electric Vehicles[J]. IEEE Transactions on Vehicular Technology,2008,57(3):1433-1441.

[29]王军,熊冉,杨振迁.纯电动大客车制动能量回收系统控制策略研究[J].汽车工程,2009,31(10):932-937.

[30]赵轩.纯电动客车动力总成控制策略研究[D].长安大学,2012.

[31]陈全世.先进电动汽车技术[M].北京:化学工业出版社,2007.

[32] 王立新著,王迎军译.模糊系统与模糊控制教程[M].北京:清华大学出版社,2003.

[33] 胡建军,肖军,晏玖江.纯电动车车用复合储能装置控制策略及参数优化[J].重庆大学学报:自然科学版,2016(1):1-11.

[34] 田军辉.纯电动客车整车控制器硬件在环测试系统开发及驱动控制策略研究[D].吉林大学,2013.

[35] 贺兴,艾芊.电动汽车能量管理系统的研究与开发[J].电器与能效管理技术,2011(14):21-25.

[36] 李顶根,李竟成,李建林.电动汽车锂离子电池能量管理系统研究[J].仪器仪表学报,2007,28(8):1522-1527.

[37] 吕帅帅,汪兴兴,倪红军,等.电动汽车能量管理系统的功能及研究进展[J].电源技术,2014,38(2):386-389.

[38] 王佳.纯电动汽车能量管理关键技术及高压安全策略研究[D].北京理工大学,2014.

[39] John Robens-GaN Systems Inc. Lateral GaN Tmnsistors-A Replacement for IGBT devicesin AutomotiveApplications[C]. Germany:PCIM Europe,2014(5):20-22.

[40] Y-F wu and K. smith. Progress of GaN Transistors for Automotive Applications[C]. Germany:PCIM Europe,2015(5):19-21.

[41] Girvan Patterson,GaN Systems Inc,Ottava,Canada. Automotive Opportunjties for Power GaN [J] PowerElectronics Europe. 2015(4):511-513.

[42] Wang Jia,Hui Guo-Tao,Xie Xiang-Peng. Stability analysis and control synthesis of uncertain Roesser-type discrete-time two-dimensional systems[J]. Chinese Physics B,2013,22(3).

[43] M. Syed Ali. Novel delay-dependent stability analysis of Takagi-Sugeno fuzzy uncertain neural networks with time varying delays[J]. Chinese Physics B,2012,21(7):53-64.

[44] Gao Tian-Fu,Liu Feng-Shan,Chen Jin-Can. Feedback control in a coupled Brownian ratchet[J]. Chinese Physics B,2012,21(2).

[45] M. Syed Ali. Robust stability analysis of Takagi-Sugeno uncertain stochastic fuzzy recurrent neural networks with mixed time-varying delays[J].Chinese Physics B,2011,20(8):5-19.

[46] 万里翔.汽车制动能量回收系统的研究[D].西南交通大学,2008.

[47] 何洪文,等.电动汽车原理与构造[M].北京:机械工业出版社,2012.

[48] 刘宏伟,赵文平,吕奉阳.CA6700EV 纯电动客车再生制动控制策略研究[J].汽车技术,2009(8):25－30.

[49] 赵国柱.电动汽车再生制动稳定性研究[D].南京航空航天大学,2006.

[50] 宫学庚,齐铂金,刘有兵,等.电动汽车动力电池模型和 SOC 估算策略[J].电源技术,2004(10):633-636.

[51] Ang SMC,Fraga ES,Brandon NP,et al. Fuel cell systems optimisati-on-Methods and strategies[J]. International JOournal OF Hydrogen Energy. 2011,36(22):14678-14703.

[52] Chavan,Sudarshan L,Talange,et al. Modeling and performance eval-uation of PEM fuel cell by controlling its input parameters[J]. Ener-gy,2017,138:437-445.

[53] WinaiChanpeng,YottanaKhunatorn,BoonyangPlangklang. Model and Experiment Analysis of 1. 2kW PEMFC Electrification[J]. Procedia Engineering,2011,8:106-114.

[54] Yuan W,Tang Y,Pan MQ,et al. Model prediction of effects of oper-ating parameters on proton exchange membrane fuel cell performance [J]. Renewable Energy,2009,35(3):656-666.

[55] Wilberforce T,El-Hassan Z,Khatib FN,et al. Modelling and simula-tion of Proton Exchange Membrane fuel cell with serpentine bipolar plate using Matlab[J]. International Journal of Hydrogen Energy, 2017,42(40):25639-25662.

[56] Benmouiza K,Cheknane A. Analysis of proton exchange membrane fuel cells voltage drops for different operating parameters[J]. Inter-national Journal of Hydrogen Energy. 2017,43(6):3512-3519.

[57] Mert SO,Dincer I,Ozcelik Z. Performance investigation of a trans-portation PEM fuel cell system[J]. International Journal of Hydro-gen Energy,2011,37(1):623-633.

[58] Strahl S,Husar A,Serra M . Development and experimental valida-tion of a dynamic thermal and water distribution model of an open cathode proton exchange membrane fuel cell[J]. Journal of Power Sources,2010,196(9):4251-4263.

[59] Tohidi M,Mansouri SH,Amiri H . Effect of primary parameters on the performance of PEM fuel cell[J]. International Journal of Hydro-gen Energy,2010,35(17):9338-9348.

[60] Salva JA,Iranzo A,Rosa F,et al. Optimization of a PEM fuel cell op-

erating conditions: Obtaining the maximum performance polarization curve[J]. International Journal of Hydrogen Energy, 2016, 41 (43): 19713-19723.

[61] Zhang ZQ, Jia L, He HT, et al. Modeling dynamic behaviors of a single cell proton exchange membrane fuel cell under different operating conditions[J]. Journal of the Taiwan Institute of Chemical Engineers, 2010, 41(6): 689-698.

[62] Abdin Z, Webb CJ, Gray EM . PEM fuel cell model and simulation in Matlab-Simulink based on physical parameters[J]. Energy, 2016, 116: 1131-1144.

[63] Beicha A. Modeling and simulation of proton exchange membrane fuel cell systems[J]. Journal of Power Sources, 2012, 205: 335-339.

[64] Ferreira RB, Falcao DS, Oliveira VB, et al. Numerical simulations of two-phase flow in an anode gas channel of a proton exchange membrane fuel cell[J]. Energy, 2015, 82: 619-628.

[65] Tiss F, Chouikh R, Guizani A . Dynamic modeling of a PEM fuel cell with temperature effects[J]. International Journal of Hydrogen Energy, 2012, 38(20): 8532-8541.

[66] Oyarce A, Holmstrom N, Boden A, et al. Operating conditions affecting the contact resistance of bi-polar plates in proton exchange membrane fuel cells[J]. Journal of Power Sources, 2013, 231: 246-255.

[67] Zhang J J, Song C J, Zhang J L, et al. Understanding the effects of backpressure on PEM fuel cell reactions and performance[J]. Journal of Electroanalytical Chemistry, 2013, 688: 130-136

[68] Carton J G, Olabi A G . Design of experiment study of the parameters that affect performance of three flow plate configurations of a proton exchange membrane fuel cell[J]. Energy, 2010, 35(7): 2796-2806.

[69] Korkischko I, Carmo B S, Fonseca F C . Shape Optimization of PEM-FC Flow-channel Cross-Sections [J]. Fuel Cells, 2017, 17 (6): 809-815.

[70] Guarnieri M, Alotto P, Moro F . Modeling the performance of hydrogen-oxygen unitized regenerative proton exchange membrane fuel cells for energy storage[J]. Journal of Power Sources, 2015, 297: 23-32.

[71] Misran E, Hassan NSM, Daud WRW, Majlan EH, Rosli MI. Water

transport characteristics of a PEM fuel cell at various operating pressures and temperatures[J]. International Journal of Hydrogen Energy,2012,38(22):9401-9408.

[72] 黄振邦,吴森.混合动力电动汽车研究开发及前景展望[J].城市车辆, 2007(7):34-36.

[73] 李明泽.混合动力电动汽车驱动系统控制策略研究[D].武汉理工大学,2008.

[74] 胡骅,宋慧.电动汽车[M].北京:人民交通出版社,2003.

[75] 秦昀.增程式电动汽车动力传动系统参数匹配及性能仿真[D].哈尔滨工业大学,2012.

[76] 王锋,钟虎,冒晓建:等.混合动力汽车发动机优化控制策略研究[J].汽车工程,2009(3):14-15.

[77] 郭孔辉,周晓晖,丁海涛,等.多能源汽车镍氢动力蓄电池组的建模[J].吉林大学,2007(2):5-7.

[78] S. Cholula, A. Claudio, J. Ruiz. Intelligent control of the regenerative braking in an induction motor drive[C]. Electrical and Electronics Engineering,2005(2):302-308.

[79] 张来云.增程式燃料电池汽车动力系统匹配及能量管理策略研究[D].华东理工大学,2016.

[80] 李理.增程式电动汽车动力系统匹配及控制策略优化研究[D].武汉理工大学,2014.

[81] 叶冬金.增程式纯电动车动力系统参数匹配及控制策略研究[D].吉林大学,2012.

[82] 冯理.增程式城市客车动力系统参数匹配及性能仿真[D].贵州大学,2016.

[83] 呼和.增程式纯电动车动力系统参数匹配与优化研究[D].吉林大学,2012.

[84] 林彬.增程式电动车参数匹配及控制策略研究[D].吉林大学,2015.

[85] 胡明寅.增程式电动车动力系统设计及能效优化研究[D].清华大学,2011.

[86] 吕广耀.增程式电动车辆动力系统建模与控制策略的研究[D].北京理工大学,2015.

[87] 郭丁伊.增程式电动客车动力系统选型与优化设计研究[D].吉林大学,2015.

[88] 李孟柯.增程式电动汽车动力参数匹配与控制策略研究[D].辽宁工业

大学,2013.

[89] 周江辉.增程式电动汽车动力传动系统参数匹配及性能仿真[D].天津大学,2014.

[90] 王冰.增程式电动汽车动力系统参数匹配[D].大连理工大学,2014.

[91] 张方强.增程式电动汽车动力系统参数匹配与仿真优化研究[D].浙江大学,2017.

[92] 董霞.增程式电动汽车动力总成悬置系统解耦与隔振研究[D].长安大学,2016.

[93] 赵金龙.增程式电动汽车动力系统参数匹配及能量管理策略研究[D].重庆大学,2014.

[94] 周炜冬.基于 Advisor 的增程式电动汽车性能仿真及试验研究[D].合肥工业大学,2012.

[95] Johnson V H. Wipke K B. Rausen D J. HEV control strategy for real－time optimization of fuel economy and emission[J]. SAE paper, 2000,109,1677－1690.

[96] Sciarretta A,Back B,Guzzella L. Optimal control of parallel hybrid electric vehicles[J]. IEEE Transactions on Control Systems Technology,2004.

[97] Kheir N A. Salman M A. Schouten N J. Emissions and fuel economy trade－off for hybrid vehicles using fuzzy logic [J]. Mathematics and Computer in Simulation,2004(2),66.

[98] Cuddy M R,Wipke K B. Analysis of the fuel economy benefit of drivetrain Hybridization [J]. SAE Paper,1997,89(2),97－80.

[99] Burke A F. On-off engine operation for hybrid electric vehicles[J]. SAE930042,1993.

[100] Bulter K L. Stavens K M. A versatile computer simulation tool for design and analysis of electric and hybrid drive trains [J]. SAE970199,1997.

[101] 徐国凯,赵秀春,苏航.电动汽车的驱动与控制[M].电了工业出版社,2010.

[102] Rimaux S,Delhom M,Combes E. Hybrid Vehicle power train. Modeling and control[C]. Electric Vehicle Symposium. EVS 16. Beijing. October,1999.

[103] Delprat S,Paganelli G,Guerra T M,et al. Algorthmic optimization tool for evaluation of HEV control stratrgies[C]. Electric Vehicle

Symposium EVS 16. Beijing. October,1999.

[104] 周苏,牛继高,陈凤祥,等.增程式电动汽车动力系统设计与仿真研究 [J].汽车工程,2011,33(11):925-927.

[105] 刘雪梅,周云山,黄伟.插电式混合动力汽车动力系统参数设计[J]. 计算机仿真,2009,10:302-306.

[106] 姬芬竹,高峰.电动汽车驱动电机和传动系统的参数匹配[J].华南理 工大学学报(自然科学版),2006(4):33-37.

[107] 李俊,赵子亮,等.插电式双电机强混合动力轿车的参数匹配[J].吉 林大学学报,2011,41(2):299-302.

[108] 浦金欢,殷承良,张建武.遗传算法在混合动力汽车控制策略优化中 的能够用[J].中国机械工程,2005,16(7):648-651.

[109] 王喜明,郭志军,等.混合动力汽车动力电池组参数匹配[J].河南科 技大学学报(自然科学版),2011,32(4):19-23.

[110] Liangyu Lei,Jinpeng Huang,Jianjun Liu. Research on Matching of Drive Train for a Hybrid Electric City Bus[C]. 2010 3rd International Conference on Power Electronics and Intelligent Transportation System,Shenzhen,Guangdong,2010:139-142.

[111] Matthew Doude,G. Marshall Molen. Design Methodology for a Range-Extended PHEV[J]. IEEE,2009:817-819.

[112] Dong Tingling,Zhao Fuquan,et al. Design Method and Control Optimization of an Extended Range Electric Vehicle[J]. IEEE,2011:1-6.

[113] 祝毅.串联式 Plug-in 混合动力汽车能量管理控制策略研究[D].合 肥:合肥工业大学,2010.

[114] Rousseau A,Pagerit S,Wendong G. Plug-in Hybrid Electric Vehicle Control Strategy Parameter Optimization[J]. Journal of Aisan Electric Vehicles,2008,6(2),1125-1133.

[115] Johnson V H,Wipke K B,Rausen D J. HEV control strategy for realtime optimization of fuel economy and emissions[J]. SAE paper, 2000(1):1543.

[116] 王伟达,项昌乐,韩立金,等.基于 SOC 保持的混联式混合动力车辆 能量管理策略的研究[J].汽车工程,2011,33(5):373-377.

[117] Banvait H,Anwar S. A Rule-Based Energy Management Strategy for Plug-in Hybrid Electric Vehicle (PHEV)[C]. 2009 American Control Conference, Hyatt Regency Riverfront, St. Louis, MO,

USA,2009:3938-3943.

[118] 胡瑾瑜,宋坷,章桐.基于神经网络的增程式电动汽车能量管理策略研究[J].佳木斯大学学报,2011,29(6):829-832.

[119] 张松,吴光强,郑松林.插电式混合动力汽车[J].同济大学学报(自然科学版),2011,39(7):1035-1044.

[120] 张俊红,马正颖,张桂昌,等.汽车发动机动力性和经济性的优化匹配[J].农业机械学报,2010,41(6):37-41.

[121] 胡平,基于用户接受度的增程式混合动力汽车控制策略研究[J].汽车工程学报,2011(1):5.

[122] 徐晓燕.中国汽车销量世界第一[N/OL].金华新闻网,2010-01-26.

[123] 梁福龙.2013年中国汽车产销量双超 2000 万辆再创全球最高纪录[N/OL].观察者,2014-01-10.

[124] 严陆光,陈俊武,周凤起,等.我国中远期石油补充于替代能源发展战略研究[J].电工电子新技术,2007(26),1:1-12.

[125] 李静.新时期世界汽车能源结构的发展[J].重庆工业管理学院学报,1998,04:99-100.

[126] 金晶.世界及中国能源结构[J].能源研究与信息,2003,01:20-26.

[127] British Petroleum. BP statistical review of world energy[R]. Beijing:2012,6.

[128] British Petroleum. BP statistical review of world energy[R]. London:2011,6.

[129] 中国国家能源局.2010 年能源经济形势及 2011 年展望[EB/OL],2011-01-28.

[130] British Petroleum. BP energy outlook 2030[R]. Beijing:2012,6.

[131] 陆礼.气候能源危机与汽车交通的黄昏[J].社会科学家,2012(7):55-58.

[132] 申孟宜.高汽车保有量条件下的 PM2.5 治理研究[J].调研世界,2013(7):11-17.

[133] Walsh MP. Motor vehicle pollution and fuel consumption in China:the long term challenges[J]. Energy for Sustainable development,2003,7:28-39.

[134] 中华人民共和国环境保护部.中国机动车污染防治年报(2012)[R].北京:中华人民共和国环境保护部,2012.

[135] 黄震.国家能源安全与汽车清洁代用燃料技术[J].世界科学,2002(3):24-26.

[136] 刘羿俊. 论非石油燃料车用发动机的前景[J]. 汽车科技,2002(3):13-15.

[137] 毛宗强. 氢能——21 世纪的绿色能源[M]. 北京:化学工业出版社,2005.

[138] 肖永清. 节能减排驱动前景广阔的天然气汽车市场[J]. 新材料产业,2010(7):63-67.

[139] Grzesik Z,Smola G,Adamaszek K. High temperature corrosion of valve steels in combustion gases of petrol containing ethanol addition[J]. Corrosion Science,2013(77):369-374.

[140] Junjun Zhang,Xinqi Qiao,Zhen Wang. An Experimental Investigation of Low Temperature Combustion (LTC)in an Engine Fueled with DME[J]. Energy & Fuels,2009.

[141] 汪映,郭振祥,何利,等. 二甲醚发动机采用 PCCI-DI 燃烧方式的研究[J]. 内燃机学报,2008,26(4):319-324.

[142] 李斌. 代用燃料甲醇和二甲醚的研究进展[J]. 上海汽车,2004(5):36-39.

[143] Ma Zhihao,Ma Fanhua,Duan Junfa. Effects of proportions of biodiesel/diesel blends on structures of diesel engine particulates[J]. Transactions of the Chinese Society of Agricultural Engineering,2012,28(18):64-68.

[144] Tianlang LI,Zuoyu SUN. Which Alternative Fuel is more suitable for Vehicles in China:Hydrogen Gas or Fossil-based Fuels? [J]. Advanced Materials Research. 2012,512-515,1450-1455.

[145] Delorme A,Rousseau A,Wallner T,et al. Evolution of hydrogen fueled vehicles compared to conventional vehicles from 2010 to 2045[J]. SAE Paper,2009(1):1008.

[146] 毛宗强. 国家 973 氢能项目"氢能的规模制备、储运及相关燃料电池的基础研究"介绍[C]. 中国太阳能学会 2001 年学术会议论文摘要集,2001.

[147] Verhelst S,Wallner T. Hydrogen-fueled internal combustion engines[J]. Prog Energ Combust Sci,2009(35):490-527.

[148] 刘福水,周磊,孙柏刚,等. 氢燃料内燃机研究现状与展望[C]. 第二届中国国际氢能大会论文汇编. 2007:125-137.

[149] 王丽君,杨振中,司爱国,等. 氢燃料内燃机的发展与前景[J]. 小型内燃机与摩托车,2009,38(4):89-92.

[150] 秦朝举,段俊法. 内燃机燃用氢气的研究进展[J]. 农业装备与车辆工程,2009,(1):34-36.

[151] Das L M. Near-term introduction of hydrogen engines for automotive and agricultural application[J]. International Journal of Hydrogen Energy,2002,29(6):479-487.

[152] 毛宗强. 氢能及其近期应用前景[J]. 科技导报,2007,23(2):34-38.

[153] Yao F,Jia Y,Mao ZQ. The cost analysis of hydrogen life cycle in China[J]. International Journal of Hydrogen energy,2010(35):2727-2731.

[154] Papageorgopoulos D. DOE fuel cell technology program overview and introduction to the 2010 fuel cell pre-solicitation workshop in DOE fuel cell pre-solicitation workshop[R]. Colorado:Department of Energy,2010.

[155] Wang Y,Chen KS,Mishler J,et al. A review of polymer electrolyte membrane fuel cell:technology,application and need on fundamental research[J]. Apply Energy,2011(88):981-1007.

[156] 孙柏刚,向清华,刘福水. 氢燃料内燃机及整车性能试验研究[J]. 北京理工大学学报,2012,32(10):1026-1030

[157] 刘福水,孙大伟等. 氢燃料内燃机性能及排放特性的研究[C]. 第五届中国智能交通年会暨第六届国际节能与新能源汽车创新发展论坛论文集,2009:420-425.

[158] 杨振中. 氢燃料内燃机燃烧与优化控制[D]. 浙江大学,2001.

[159] 氢能协会[日],宋永臣,宁亚东,金东旭译. 氢能技术[M]. 北京:科学出版社,2009,1.

[160] Shoochi Furuhama. LH2-Car musashi-8Research and Development for 20 Years[C]. 浙江大学讲学论文,1992.10.

[161] H. May. Overview about the Germany Activities Regarding Hydrogen Energy[C]. 浙江大学讲学论文,1993.10.

[162] Sopena C,Diéguez PM,Sáinz D,et al. Conversion of a commercial spark ignition engine to run on hydrogen:Performance comparison using hydrogen and gasoline[J]. International Journal of Hydrogen Energy,2010(35):1420-1429.

[163] 张冬生. 氢内燃机供氢系统压力特性和控制策略研究[D]. 北京理工大学,2014.

[164] Gerrit Kiesgen,Manfred Klüting,Christian Bock. The New 12-Cyl-

inder Hydrogen Engine in the 7Series:The H2ICE Age Has Begun [C]. SAE Paper,2006(1):0431.

[165] Stockhausen WF,Natkin RJ,Kabat DM,et al. Ford P2000 hydrogen engine design and vehicle development program[J]. SAE paper, 2002(1):0240.

[166] Natkin RJ,Tang XG,Whipple KM,et al. Ford hydrogen engine laboratory testing facility[J]. SAE paper,2002,33(9):637-640.